D0556358

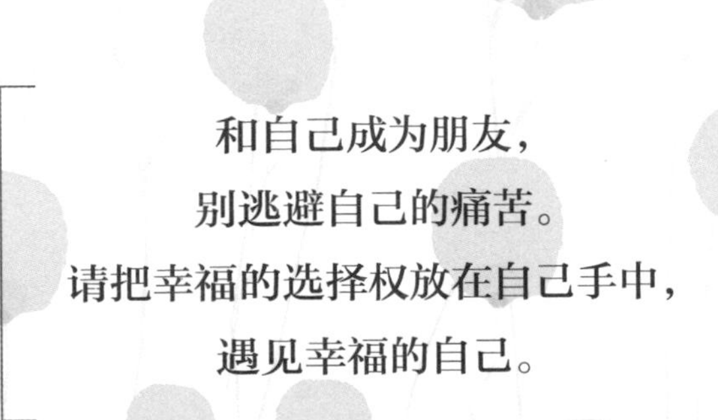
和自己成为朋友，
别逃避自己的痛苦。
请把幸福的选择权放在自己手中，
遇见幸福的自己。

Conversation with Heart

我们终将遇见爱与孤独

张德芬 著

北京联合出版公司
Beijing United Publishing Co.,Ltd.

图书在版编目（CIP）数据

我们终将遇见爱与孤独 / 张德芬著. — 北京 ：北京联合出版公司，2018.1

ISBN 978-7-5596-1295-3

Ⅰ. ①我… Ⅱ. ①张… Ⅲ. ①心理学—通俗读物 Ⅳ. ①B84-49

中国版本图书馆CIP数据核字（2017）第285375号

我们终将遇见爱与孤独

作　　者：张德芬
责任编辑：管　文

北京联合出版公司出版
（北京市西城区德外大街83号楼9层　100088）
北京盛通印刷股份有限公司印刷　新华书店经销
字数：180千字　880毫米×1270毫米　1/16　印张：16
2018年3月第1版　2018年3月第1次印刷
ISBN 978-7-5596-1295-3
定价：49.80元

做我
以往不敢做的事
最终
过我想要的生活

序

亲爱的，
希望你少吃一点我吃过的苦

我的新书终于出版了。

三年前，我有一双儿女相伴，有一个知心的亲密伴侣。后来，儿子去美国上大学，我和爱人分手，女儿又去上大学，单身加空巢，对于一个中年女人来说，无论如何都是一个不好过的难关。

我走过来了。

这一路的心得，就是你今天看到的这本书。

要说书中有什么惊人的领悟，倒也没有。有的只是把《遇见未知的自己》里面的一些观念，更加深入地去体会、剖析、理解，以及最重要的——活出。

最大的领悟，就是活生生地看见——我们的信念是如何造就了我们的现实世界。

人是非常擅长自圆其说的，我们总是在逃避，而不是去面对自己不想看见的真相。直到宇宙安排一些情境，强迫你去看见、去承认：亲爱的，外面没有别人。

这才安心臣服。

在我婚变、单身的一路上，我没有隐瞒，在各种文章、演讲和采访里面坦诚相告。如我所料，大部分读者都还是赞赏我的真诚和勇气的。一开始单身加空巢，的确让我非常不好过。有一段时间，每天早上不想下床，夜晚常常抱着自己痛哭入睡。突如其来的考验，让我措手不及，无法回归自己的中心，所有学的灵性教导的东西，在那个阶段几乎帮不上忙。

因为，老天就是要我扎扎实实地摔个大跤，没有依靠，摔得面朝下爬不起来，好让我直面自己隐藏了多年的、内心深处最隐秘幽微的痛苦。那种痛苦是累世以来需要面对的功课——一个人的独处，没有感情依靠的生活，对我此生来说，是不熟悉的，也是最害怕面对的。当我面对它的时候，那种被燃烧、被一点一点啃噬的最痛楚的感受，简直让人连想死的心都有。但是，当我无路可逃、弃械投降，让它一点一滴地吞噬我、烧尽我之后，一只重生的凤凰逐渐成形。我开始感受到一个人也能圆满，只要你能感受到自己内在本自具足的圆满。

撇开自己爱恨情仇的小女人心事，我最在意的，还是读者能不能跟着我一起成长，过上更好的生活。我始终没有忘记自己的初衷和发心，多年来一如既往地这样做：只要碰到好老师、好书、好法门，有了最新的心得、体悟、见证，就立刻热心地和大家分享，希望能帮到一些有缘人。

我把自己在面对各种人生挑战时所做的自我探索和检讨，都写在这本书里了，希望可以引起一些同路人的共鸣，帮助大家少吃一点我吃过的苦。但是，路还是要自己走，没有人可以拉着你，我们只能相伴而行。

感恩这条路上有你。

我的新书，希望你会喜欢，也希望对你的人生旅程有所帮助。

谢谢！

2017 年底，北京

目录
CONTENTS

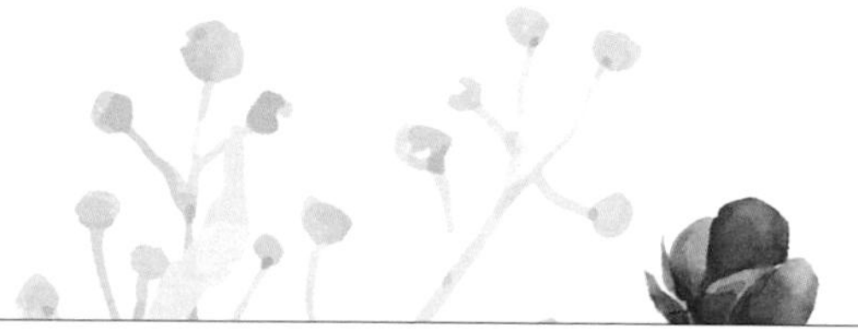

上篇·我们终将遇见爱与孤独

1 人生没有白吃的苦

目录

CONTENTS

目录
CONTENTS

中篇 · 爱得刚刚好

爱之慧

目录
CONTENTS

目录

CONTENTS

下篇 · 亲爱的孩子，快乐是我最想教给你的事

上篇

我们终将遇见爱与孤独

人生没有白吃的苦

人生没有白吃的苦，

无论你的痛苦和烦恼是什么，

都是因为你太在乎。

当你学会直面内心的黑暗，

未来就能一步步光明。

亲爱的，
世上没人可以陪你走一辈子

世界上只有一种真正的英雄主义，

那就是在认识生命的真相后，依然热爱生活。

——罗曼 ·罗兰

如果找不到依靠，
请你一定学会和孤独好好相处

人生究竟是怎么一回事？这是很多人都想探究的问题。其实，任何诚实、勇敢地去检视人生的人，都会发现：

人生的尽头是一场无可避免的悲剧——我们终将要老去、死去，花了一辈子去争取和建构的东西，最终一样都带不走。

很多抑郁的人看到了这个真相，但他们没有寻求更有智慧的人的协助，而是卡在一个地方出不来，于是选择不再继续玩下去。这不是勇者的人生。

罗曼・罗兰说过：世界上只有一种真正的英雄主义，那就是在认识生命的真相后，依然热爱生活。

然而，生活值得我们热爱吗？其实，大多数人的生活是非常受限的——受限于亲情、爱情、孩子、金钱、时间、面子、体力……几乎没有一个生活没有压力或是困难的人。富人有钱也苦，穷人没钱也苦；有孩子也有烦恼，没孩子也有烦恼；有伴侣也有烦恼，没伴侣也很苦恼。总之，人生的不如意，仿佛永无休止。

也有人说，我们要在这个薄情的世界里，深情地活着。

但是，如何活呢？

在人生的每一步路上，如果孤独感出现了，你能不能跟它好好在一起？确实，大部分人都不喜欢孤独，更不想去感受自己的孤独。可是，在这个世界上，我们每个人真的就是一个个孤独的个体。因为你所有的感受只有自己能够体会，而且这一生的路，没有谁可以陪你从头走到尾。

但是，我们一直都在忽略这个事实，一直不愿意去接受。所以，我们要靠外在的工作、爱人、父母、孩子等等，来消除自己的孤独感。

有些人很快乐，他这里靠不到，就去那里靠，到处去找依靠。但是，如果方法都用尽了，到处靠都靠不到的话，我们就必须回到自己的内在，学会跟自己的孤独相处。

我向来觉得，内心有创伤的人才会主动去寻求解脱的法门。而每个人的一生，都有很多貌似过不去的命门、痛点，如果你已经受够了，再不想过这样的生活，再也不想受这样的苦了，那就要找一个终极的解决方案。

我们生命中的大部分痛苦，都来自精神上

我曾经在网络上看到这样一个笑话：

传说，2012 年 12 月 21 日是世界末日。有一个人说："那太好了，我把所有的钱都花了，然后把老婆打一顿，把老板打一顿。"结果 22 日早上起来，他的世界末日真的来临了——钱都花完了，老婆被打跑了，老板也"炒他鱿鱼"了。

这类人挺执着于自己的痛苦的，所以想趁着世界末日来临的时候，恶狠狠地出一口气，没想到后果还是要自己承担。

有很多读者跟我反映说：自己有很多痛苦，老公怎么样，婆婆怎么样，孩子怎么样，工作怎么样，老板怎么样……

每个人都有很多苦。

可是，如果你真的感觉活得那么痛苦，为什么还要抓着这份痛苦不放？痛苦其实就像一个烫手山芋，你真的 hold 不住了，就把它放下呀！为什么明明知道苦，却还是放不下呢？

后来我边修行边观察，发现我们很多人都想要在这个世界中感受到自己，想要确定自己的存在感。

其实，我们生命中的大部分痛苦，都来自精神上。比如，你的爱人离开你了，背叛你了，你会很痛苦。为什么你总是放不下对方，让自己痛苦这么久？理智上，我们都知道对方根本不值得我们这样——既然你不爱我，我干吗要爱你，还让自己活得这么苦？很简单的道理，可为什么就是放不下？因为我们不甘心，觉得痛苦可以让我们在精神上有一个依托，让我们觉得有一个目标去奋战，觉得这种生活是有挑战性的。其实，这都是错觉。痛苦是一种习惯，而我们只是不知不觉地顺着自己的习性在生活。

有时候，
我们是为了苦而苦

当我们觉得痛苦在身却摆脱不了的时候，可以去看一看，究竟是什么在让我们痛苦。

跟大家分享一下我最近所经历和观察到的，也是我现在正在做的功课。我发现，很多时候，我们是为了苦而苦。

我曾经给大家推荐过《当下的力量》这本书。有一次，本书的作者劝告一位抱怨婚姻不幸的女性说："你的丈夫这样对你，你对他那么恨，那为什么不能放下呢？你只要放下他对你做过的事，你就能够快乐……"刚开始，这位女性若有所思，但听到最后，她突然大声说："我原谅他以后，我干吗呢？我原谅他以后，我拥有什么呢？我不跟他叫阵的话，那我是谁呢？"

其实，想想自己生命中遭遇的那些困境，我们是否也常常有意无意地在跟它们较劲呢？

我们来看一个字——觉察的"觉"，上面是学习的"学"，下面是见到的"见"。学会看见，就叫作"觉"，你就能觉悟、觉察。

常常有很多人来找我询问关于心理和生活的问题。其实我觉得最好的解决办法是：你真的学会看见自己的问题在哪里，纠结的点在哪里，那你就能做到"觉"了。而且这个"觉"的能力，你一旦学会了，别人是永远都拿不走的。

直面自己内心的黑暗，未来就能一步步光明

当你直面自己的“坏”，
当你把内心的一切都摊开，
你内心的阴暗面就会开始软化，
甚至还会变成阳光面的一部分。

你我的内心都有黑白两面

每个人的内心都有黑白两面，白色的那一面我们都希望去彰显它，都愿意快乐地面对，因为它能给我们的人生带来辉煌，带来面子，等等，让自己更加得意；而人性中很多黑色的面向，大多都属于给我们的人生带来问题的阴暗面，面对自己内心的阴暗面，我们总是不愿意去承认，总是在逃避。

要想活出一个全新的自己，最好的办法就是要学会接受自己内心的阴暗面，只有这样，我们的人生才会真正开始改变。

我在情感上不够独立，一直靠在亲密关系中不断地抓取来逃避自己内在的空虚，从 19 岁开始谈第一个男朋友，中间几乎没有空窗期，我总以为，有一个男人在身边，才能逃避人生的孤独。

我内心深处总觉得自己还是一个小女人，所以潜意识里总想依附一个强大的男人。对内心“情感不够独立”的这个阴暗部分，我不愿意承认，更不想去面对，于是就把过多的注意力和精力都放在亲密关系里面，去较真，去作，所以后来就作毁了。

对大多数人来说，直接面对、接受、包容自己内心的阴暗部分是很难做到的。我也是在被感情逼到了绝路以后，经过一段时间才开始慢慢愿意直视自己的内心。但在那之前，我就不这么想，这有点像对感情上瘾一样：一旦遇到一个我很喜欢的人，我就抓住不放，跟他纠缠，放不开，觉得跟他共享人生、相互依存的感觉很好。稍有不如意，我就会认为他做得不对，做得不好……

可当我自己一个人沉静下来的时候，才知道那时的我根本没有为自己的情绪和行为负责——因为别人没有义务承受我的情绪和行为，人必须学会为自己负全责。

接受自己的“坏”，才能变得更好

小时候，每当我做错事，母亲就会用非常厌烦和鄙视的眼光看着我、骂我，让我感觉自己是个“坏女孩”（所以孩子做错事的时候，我们要告诉他们，是你做的事情不好，而不是你不好）。

我从小就有自慰的习惯，当时什么都不懂，只是隐隐约约地觉得这不是一件“圣洁”的事情，所以非常自责和羞愧。后来长大以后看了一些资料，才知道对婴幼儿来说，这其实是很正常的行为。

小时候，我也有过几次被严重性骚扰的经历，这引发了我对“性”的罪恶感和羞耻心，更让我觉得自己肮脏丑恶。

带着这样的心理，为了“赎罪”，长大以后，我很努力地要求自己做一个“好女人”——好妈妈、好女儿、好妻子、好媳妇、好朋友，要求自己一定要面面俱到，搞好每一段关系。

讽刺的是，谁知道那一年，我爱上了一个男人，最终离开了自己的婚姻。前夫骂我是婊子，我成为不折不扣的“坏女人”。对于不能给孩子一个完整的家，我有着深深的罪恶感；同时，对于父母和公婆的失望，我也感到非常愧疚，无法原谅自己。面对周围的朋友，我也无法原谅自己的“恶行”。

在那段人生的黑暗时期，我必须去面对自己内在一直抗拒的“我是一个坏女人”的声音。当时处在这种人生的低谷，我的内心充满了对自己的怀疑、批判和否定——我是个坏女人，我做了很不好的事情，没有尽到妈妈的责任，婚姻也破裂了，惹得我父母伤心，等等。

所有我原本想做好的事情，都搞砸了；所有我原本想扮演好的角色，都失败了。

那一阵子，我简直羞惭到了无地自容的地步，甚至想死的心都有。我几乎断绝了与所有朋友的来往，封锁自己，也不在外活动。

我本来想做个圣女，结果却闯下了滔天大祸，自己都不知道该怎么解释。

经过几年的磨难，我最终接受了自己“坏”的事实，放弃了做一个好女人的努力。正因为如此，我自由了。

当你直面自己的“坏”，当你把内心的一切都摊开，不管是对自己还是对别人，你内心的阴暗面就会开始软化，甚至还会变成阳光面的一部分。

只要这么做，你就会充满力量，因为这样做了以后，你的内耗就变少了。

我们的一生，不知花了多少时间在内耗内斗上。从前，我谴责、批判自己，觉得自己是一个坏女人，但表面上我还要努力去扮演一个好女人的角色。如果有人说我是坏女人，我还会跟他急。但当我能够舒舒服服做自己的时候，我就放下了批判，接纳了自己本来的样子：也许我不是那么完美，但是，我也不用特别辛苦地去扮演一个角色给别人看。

我只是个女人而已，何必非要坚持做好女人？秉持着我善良天真的自然本性，我本来就应该流露出女人最好的一面，不必刻意去表现、去强求。而且，一个人越是用力地想要去做好，就越是做不好，这似乎已经成为一种生命的定律了。

只有放弃证明自己是有用的时候，你才是自由的

从我的例子来看，一个人越是用力去追求什么、越是努力去证明什么，人生反而会变成自己最不想要的样子。

很多人终其一生，都在追求“有用”“有为”的感受，但越是这样，越容易感觉自己无用。那么，解药是什么？

其实就是去接纳自己“无用”的感受。

亲爱的，每当感觉自己没有用、很差劲的时候，你什么都不要做，就在那个当下好好去感受这个你最害怕的“无用”的感觉。也许你会恐慌，也许你会想要立刻做些什么去证明自己有用，然而都别去做，老老实实地承认自己的确有“没用、没有价值”的地方，然后你可以尝试去接纳自己的这个部分。

每当感觉自己不好、很坏，不是一个好女人的时候，就要去接受那种屈辱、挫败、羞耻的感觉。你要承认自己的确有些地方没做好，不是个好女人，不要去否定事实，而是要去接受它。当我们这样停留在当下，不闪不躲地接受自己最不想要感受到的情绪时，我们就穿越了自身那个深渊里最黑暗的部分。而人生的惊喜和礼物，以及我们最期盼的亮光，就在这黑暗深渊的后面。

只有当你放弃证明自己是有用的时候，你才是自由的。那些曾经努力要去证明自己的能量就都被释放出来，让你可以根据自己真正的喜好去做事情、过生活。这个巨大的能量一旦得到释放，就会造就你真正想要的生活，而不是成为自己“躲避无用、证明有用”的模式的牺牲品，那种生活不会让你感到真正的快乐。

跳舞，像没有人在看一样。

唱歌，像没有人在听一样。

因为，我们跳舞和歌唱，是为了取悦自己，自我享受，不是为了别人的眼光。不为别人的目光而活出的生活，才是真正的生活。

爱自己！做自己！

对付自己，
永远比对付外面的人容易

在我的身边，有不少功成名就、已经获得大家认可的人，可是他们还是不由自主地要向外去比较。

比如我认识一个朋友，他其实还蛮有成就的。可有时候当我跟他讲，这首曲子蛮好听的，人家评论也蛮好的，他就说：“这你也相信？”我如果说：“你看，这个人照的相蛮好看的。”他就会立刻回答：“哎呀，我认识一个比这个照得更好的。”

总之，无论你跟他说什么，他都要否认，认为自己知道得更多更好。他就是要透过这样的比较，去获得自己的优越感、成就感，以及别人的赞赏和认同。

其实何必这样呢？经常这样做的人，内在一定有自己不肯承认的阴暗部分，所以才要这么费劲地在外面去跟人家抗衡。

如果说一个人不能接纳自己内心的阴暗部分的话，他会跟世界为敌。因为老是遮遮掩掩的，实际上就是在内耗，所以要不断地去抓取外在的东西来遮盖自己内在的阴影。

所以，人要是愿意承认自己的恐惧、无价值感，以及自己的贪心、欲望，能够很诚实地去面对自己内心的话，是可以节省很多能量的。只有这样，你才能在自己想要表现、想要发展的某些方面，活出真正的自己、更好的自己。

亲爱的，我们要明白：对付自己，永远比对付外面的人容易。

请别把幸福的权利放在别人的手中

想一想，我们是不是常常在干一件蠢事——
口口声声说要幸福，可是却始终把自己幸福的权利放在别人的手中？

没有人能够因你而改变

很多人可能会觉得，如果想要更开心，就必须买更多的名牌包包，要更有钱、更漂亮、更有名，还要有更好的老公，要所有人都喜欢自己，等等。其实，想要让自己过得更开心，唯一的办法绝对不是向外去抓取，而是为自己生命中发生的所有问题负起责任来——刚开始可能会很痛，也有可能受不了，比如你会觉得：我父母那个德行，怎么会是我的错呢，为什么要我负责呢？我的小孩这么不听话，怎么会让我负责呢？……

当然，你不必为他们的行为负责，但你必须为自己因为他们的行为而造成的“感受”负责。

譬如说，有些人看自己的父母不顺眼，看自己的小孩也不顺眼，其实是因为对他们有期望，有要求，希望他们改变；因为这个期待没被满足，所以心中就对他们产生不满。事实上，如果我们仔细去看，会发现这些期待是出于我们自己的需求，其实与他们无关。

所以，我们常常为了自己的需求，而理直气壮地去要求身边的人改变。最终你会发现，没有人能够因你而改变，要想改变一个人，真的比登天还难。

我们真的没有资格说：我看谁不顺眼，我就想改变他。我们唯一能做的就是——比方说我有一个爱人，如果我实在受不了他的一些恶习，而且绝对没有办法去改变的话，那我可以跟他分开。但是父母、儿女这些断不了的血缘关系，你怎么跟他们分开？那就只能改变你对他们的看法和对待他们的态度了。

我们常常说，父母做的某些事情让我们感觉心寒，或者父母根本不关心我们，等等，其实是我们从来就没有接受过他们的本来面目：他们现在是怎样的人，以后还会是怎样的。你不能说今天给她套上一个“你是我妈”的帽子，她就必须爱你，为你着想，她就不能老跟你要钱——因为小时候她没好好对待你，现在还一天到晚跟你谈钱，你就想对她说“你这是什么母亲嘛”。

你之所以会对母亲的行为有所不满，是因为你对她有期待：你希望她是一个什么样的母亲，你需要她给你什么东西……所以你和她之间才会有问题。否则，如果什么期待都没有的话，你不会觉得她有什么错。

问题是，我们对很多人都有一定的期望，总觉得需要他们怎么样，我们才能够快乐、安心、舒服，这就是把自己的喜怒哀乐放在了别人的手中，没有为自己负责，因此才老想去改变别人。

想一想，我们是不是常常在干一件蠢事——口口声声说要幸福，可是却始终把自己幸福的权利放在别人的手中？

抑郁来来去去，始终是我的朋友

什么是抑郁？抑郁其实只是一种情绪、一种能量，它会来，就会走，最重要的是不要为自己贴上“抑郁”的标签，从此撕不下来了。

我也常常有抑郁的情绪，它来来去去的，始终是我的朋友。我知道，自己一辈子都无法摆脱抑郁，所以只能接纳这个朋友。

亲爱的，一定要注意，别在脑袋里给自己下定义，坦然接受抑郁的来来去去就好了。当这个情绪来临时，你的脑袋会编造种种受害者的故事，要小心别陷进去。因为你在受害者牢笼里待得越久，就会越不快乐。如果此刻你的心情不好，我可以打赌，你一定或多或少在这个牢笼中打转。

我们生命中的种种问题，几乎都是因为把自己囚禁在受害者牢笼里而引起的。

这个由小我设计的陷阱，通常是这样运作的：首先，你会有个受害者意识，认为一切都是别人的错，别人所做的、所说的，或是没做的、没说的，都让你受到了伤害（这里面你有个理直气壮的期待，觉得对方必须满足你的需求）。

有受害者情结的人，最容易自怨、自艾、自怜。即使知道这样做对事情、对自己、对他人一点帮助都没有，他也不愿意停止。

许多抑郁的人都认为自己是受害者，因为自己看起来好像很无助，受困于种种恶劣的生活情境和他人的行为。然而，一个受害者是没有谦卑心的。他不愿意承担生活中的种种状况所带来的麻烦、痛苦、羞辱和不堪，无法以柔软的心接纳生命的安排。所以，他会将“不快乐”当成自己抗拒的工具，以为这样就可以改变自己讨厌的生活情境。结果，生活情境不但没有改变，反而变得更糟了，因为他把焦点放在让自己不快乐的事物上，反而扩大了它们的影响力。

所以，要想让自己活得快乐，最重要的就是要走出受害者模式。一个人一旦认为自己是受害者，就会变得无助、无力，停在那里，无法做任何事来帮助自己。因为你认为你的抑郁是其他人造成的，还会觉得自己很脆弱，什么事都不能做。即使要你去慢跑、去锻炼、出去走走，你也不愿意，因为你有抑郁症。

我常常收到这样的信：“帮帮我、救救我，我陷入抑郁了。帮帮我、救救我，我真的很痛苦。帮帮我、救救我，我实在饱受煎熬……”

其实，这些痛苦，都是你为自己带来的独家配方。痛苦在你身上，别人怎么可能救得了你、帮得了你？没有人可以带走你的痛苦，只有你自己可以为自己负责。如果你真的想走出抑郁和受害者模式，首先就要承认抑郁带给你的额外好处，让你以它为借口来逃避责任或博取同情、关注，或是有理由可以不工作、不努力。

所以，你是否想走出抑郁的牢笼，也就是说，你是否想走出受害者模式，这才是最重要的。

事实上，要想走出抑郁很简单，就看你愿不愿意。或者你觉得抑郁给了你一种秘密、古怪而又熟悉的舒适感——许多人觉得抑郁的状态很舒服，因为那就是他们想要的生活，他们潜意识里面可能并不想要过快乐且充满活力的日子，谁知道呢？

如果你真的想走出抑郁，这个过程就会变得很容易。比如，你可以去做一些需要耗费体力的事，特别是园艺或一些接近大地的工作，然后去慢跑，流流汗、喘喘气……

另一个建议就是，你可以设定闹钟一个小时响一次，每当闹钟响起时，你就开始对生命中的某件事表达感恩之情。比如，可以感谢母亲，感谢她生养了你，或者感谢天气不冷也不热……如此对事物表达感激之情，每小时一次，然后你就会发现，这样做将改变你的精神状态。

你那么在意别人的想法，最终受苦的却是自己

很多时候我们都是因为太在乎别人的想法而受苦。
这样不但消耗了大量能量在外表的装模作样上，
更为自己的生活造成很多不便。

太在乎别人的想法，你就会受苦 ◀◀◀

我发现，很多时候我们都是因为太在乎别人的想法而受苦。

这是一种思维模式，也是情绪习惯。

别人的脑袋里面想的是什么，你永远无法清楚。有人对着你皱眉，并不表示他不喜欢你。有人看到你不打招呼，可能他没戴眼镜，或只是兀自沉溺

在自己的感觉中根本没注意到你。有人看到你时脸色不好，可能因为他正肚子痛。

但是，我们自己内在的“伤口”需要对号入座，如果感觉不被爱，不受重视，被批判，于是就判定说，对方的言行是“针对我来的”，我做错了什么吗？上次见到他的时候我行为举止有不妥之处吗？还是他听别的朋友说了什么？各种猜疑，九转回肠，不作不死。

我有时喜欢玩微博，因为上面的网友们非常可爱。同样一件事情，我发出去，反应是天差地别：有人称赞，有人骂，有人会留下与你发的内容完全无关的评论。如果要针对别人的留言起反应，那一路看下来你就会又哭又笑、有悲有喜，像不像一个疯子？

记得我婚姻出状况的时候，最难过的当然是怕伤害到亲爱的家人。其次就是担心大众的舆论以及读者的看法。当时，我羞愧难当，有一次去上一个老师的课，和一名读者配对做个案。由于是亲密关系课程，必须暴露真实的状况，于是我小心翼翼、有点为难地说出了自己的情形，很担心她会如何反应——她会震惊吗？她会失望吗？她会批判我吗？她会告诉别人吗？她会看不起我吗？还是因同情我的遭遇而安慰我？

没有。都没有。

听我面色凝重地陈述完之后，她愣了一下，紧接着问：“那你还会继续写书吗？”

哦！是的。她是我的读者，喜欢我的书。她关心的是我还会不会提供她在乎、想要的东西。至于我的婚姻状况，无所谓，真的与她无关。这件事情让我有点错愕，当然在当时也是一个极大的抚慰：原来别人并不像我想象的那么在意。

越是想要去隐瞒什么，别人反而越会猜疑你

经历了婚姻失败的打击之后，我感觉自己变得愈来愈真实。因为我发现，愈是想要去隐瞒什么，故意去做什么，别人反而愈会评论、猜疑你。你理直气壮、若无其事地过好自己的生活，别人的流言蜚语真的会比较少，而且无法影响到你。这是一种能量的交互作用，非常微妙，但也非常准确。

俗话说“岂能尽如人意，但求无愧我心”，我们都是自己有愧才会招来别人的飞短流长。

为什么在意别人怎么说？一定是自己对自己的言行有“不安妥”的感觉，因为内心早就有自我批判，有缝有露的，给人家的批评留下了余地。

我女儿就不太在意别人的看法，有点我行我素的味道，所以一般来说，她的情绪比较稳定，不会患得患失，东想西想的。我儿子就不同了，他爸爸随便一句批评，他就一定要辩驳，而且会非常生气。我常常告诉他，你跟爸爸见面的时间不多，他喜欢教训你，你就把耳朵关上，享受和他在一起的感

觉就好。

但是我知道，儿子由于缺乏安全感，所以希望得到爸爸的抚慰和认同，但是爸爸始终没有看见这点，每次和儿子在一起，就会忍不住开始说教，因为他心里也有很多不安全感，觉得儿子的行为如果偏差了，会影响到他，而且别人会认为是他的错。

喜欢说教的人，通常也是用“说教”来获取重要性和价值感，没有自我觉知的人，是无法觉察并且停止的。而且这种事情是这样的：一方愈是在乎，一方就会愈加进行这样的行为。

像我女儿，和她爸爸在一起时，她爸爸说什么，她就表面应付一下（其实她的耳朵和心对他几乎都是关闭的），因此她爸爸会觉得无趣，也不想说什么了。但是儿子不同，儿子在乎，有反应，而且会和爸爸争辩、抗衡，这样对方兴趣就更大了。

如果能够清楚地认识到这点，我想，那跟我们所有重要关系户相处的时候，就可以由自己来主动结束这样令人厌烦的牵缠关系了。

内心安宁，
来自对自己各种情绪的全盘接纳

我有一个朋友，他非常在意人家的说法、看法，几乎是为了面子而活的。这样不但消耗了大量能量在外表的装模作样上，更为自己的生活造成很多

不便。

可他无法意识到这一点，因为内心又脆弱又自卑，充满了自我憎恨和鄙视，所以不得不投射向外，认为别人都瞧不起他，所以他需要格外努力去争取认同。一旦不能获得认同，或是别人稍微说他一点不是，他就会愤恨不已，把对自己的憎恨又全部抛向对方，造成人际关系上的冲突。

所以，如果想要平和，我们自己内在要先有平和，才能不在乎外面的风风雨雨和波浪。内在的平和虽然绝大多数是天生的，但是随着年龄增大、阅历增多，并且通过自我觉察、静坐冥想等方式，可以增加平静的程度。然而我觉得，真正的内心安宁来自对自己的全盘接纳，对自己的想法、情绪都能有所觉知而且接纳。

那些内心很不平静的人，有些是太过在乎自己的感觉。感觉一不好，就马上想要摆脱，甚至会立刻责怪、怨恨那些让他感觉不好的人、事、物。感觉很好时，就自我陶醉，而且恨不得永远停留在那一刻，不要离开。

太过看重自己的感觉，无法和自己的感觉拉开距离，因而不能承受、接纳各式各样不同情绪的造访，可能是很多人当下最需要修习的重要功课。

感恩那些挫败的过往

亲爱的，无论你现在生命中的痛苦和烦恼是什么，
都是因为你“太在乎”。
所以，你必须不断地去观照自己的内在，
看看究竟发生了什么事情，是什么在导航你的人生。

只有你最看重的关系，才可能变成你的命门 ◀◀◀

有一次，与一位常常在朋友圈里晒恩爱的朋友聊天，他跟我说自己的亲密关系有多好多好，我就问他：“像你这么挑剔的人，怎么会跟你夫人相处了 20 多年都还那么好？”

他说：“对呀，我这么多年从来没跟她吵过架，就连拌嘴都很少，她做什么我都觉得挺对的。”

接着他说：“德芬，也许真的像你所说的，每个人都有自己的命门。而你除了亲密关系，事业、亲子等关系都不是你的命门。但对我来说，亲密关系一直处得很好，所以不是我的命门。”

我为什么说亲密关系是我的命门？大约是因为我人生中的大部分关系，比如事业、父母、孩子、朋友等，都处理得很好，可能我的运气也很好。但就是在亲密关系上，我一直遭受挫败。

我是那种爱起来连命都可以不要的女人，特别重视亲密关系，认为它就是决定我一生幸福的东西。为了它，名和利我都可以丢掉。所以，我的亲密关系总是容易出现问题。

所以说，人生所有的关系，只有当你过度重视它的时候，它才会成为你的命门。

在生活中，我们每个人的命门都不一样。那么，我们应该怎么看待、善护念我们的命门呢？因为，命门可能是我们的死门，但同时也是我们的生门。我觉得，我们应该时时刻刻注意到自己潜意识中那些负面的东西。

很多人一生都陷在所谓的命门中拔不出来，但我想告诉你：所谓的命门，一定是有两面的，不是绝对的进去就出不来。

人的一生，难免会遇到可能过不去的坎，那么怎么绝地重生呢？这是我们终生要修习的功课。

幸福从哪里开始？就从我们的命门开始。我们要做的是一旦陷入困境，随时随地都能自救。

现在，我很感恩那些遭受挫败的过往。因为如果不是在亲密关系上遭受挫败的话，我现在不知道自己会高傲到什么地步，不知道自己会自以为是地飞到哪里去了。我可能根本遇不到那么多未知的自己，也活不出自己想要展现的深度。

一切都是因为“太在乎”

回溯自己的生命，我曾经用各式各样的东西刷过存在感：学历、事业、金钱、相貌、友情、父母、孩子、亲密关系等等。但是我越不在意的东西，就越能自己发展得很好；而我投注最多心力的，反而一塌糊涂。

我的工作其实一向是非常顺利的，只有刚念完 MBA，积极想挣钱的那个时候（30 岁左右）被工作困扰过。当时我想多赚钱，让父母和自己过上更好的生活，但也隐隐约约地知道，钱对我来说，并不是一个人生的难关。后来，我暂时放下对金钱的追逐，事业反而就比较顺利了。1997 年，我做了大陆最早的培训顾问，挣了一些钱，后来去了新加坡的一个大公司，发展也不错。

和父母的关系也是。从前，母亲的一些负面能量常常影响我。她的刻薄、挑剔、对人的不信任以及对世界的恐惧，还有对我永无止境的批评，曾经造成让我心碎难熬的人生困境。后来经过我的努力，虽然对她百般好，但还是坚持做我自己，慢慢地她也变得理解我了。

当我越不在意的时候，我和那些与我有关的事件和人的关系反而渐渐变得和谐了。我在成长的过程中，不断地放下对父母的需要（心理上的），降低对他们的期望，连我父亲有一次都抱怨："自从你去搞什么身心灵成长之后，就越来越不爱爸爸了。"

我笑着回答："是啊，我对你的爱，已经不是那种希望你赞赏我、肯定我、时时关注我的爱，而是正常的、轻松的、不造成双方负担的爱的能量的自然流动。"

慢慢地，他也习惯了，放松了对我的依赖和控制……

总的来说，在我能力范围之内，我做到了一个孝顺女儿的极致。

孩子也曾经是我的烦恼重头戏。小时候，我母亲对我严加管教，所以现在我尽量不去用高压的方式操控我的孩子们。但是我关心他们的健康，规定他们不可以吃这个、喝那个。生活起居也要求比较严格，他们到了十几岁才拥有自己的电子用品。不过后来我也放手了，因为太累了，实在管不住。他们长大了，有了自己的生活方式和想法，我不能像个警察一样天天在后面盯着他们。

但是他们的一些行为（早恋、让狗上床、大冬天穿很少出门……）也一再挑战我的极限，我咬着牙，一点一点地放下。因为我学习到：很多事情不是你能掌控的，真正的掌控者是命运之手，它在掌控着他们以什么样的方式生活、做事、为人，直到有一天他们的意识被启发，想要把命运抓在自己手里，那个时候，我对他们说的一些正知正见，还有我自己的身教，就能发挥作用了。在那之前，我的很多强力干预只会造成他们的反感和叛逆，没有一点好处。

然后，我的亲密关系的功课开始了。那是一段不堪回首的感情，我检讨自己的错误，其实只有一个：太在乎、太多期待，而且把对方当作掩盖我内心黑洞的麻醉品。表面上看起来，我做了所有的努力，实际上，所有的努力都在毁坏这段我人生中最珍惜的情缘。

总之就是，亲爱的，无论你现在生命中的痛苦和烦恼是什么，都是因为你“太在乎”。

放松下来，找到自己的中心，分散自己的注意力，把自己的知识、见解拉高一点，多和有智慧、有人生阅历的人聊天，带着一颗敞开的心，学习他们的经验和洞见。当然，这一切都是要经过一番痛定思痛之后，你才会愿意把责怪外在的人、事、物的习惯改掉，开始看看你对自己的困境、烦恼、痛苦“贡献”了什么。

是什么在导航你的人生

我有个朋友，在台湾最有名的一家企业工作，每年仅股票分红就有上千万元人民币，她的老公也很有钱。他们买了很多房子，老公想要退休，她却一直不让，总觉得钱不够用。

其实在我看来，她的钱已经很够用了。可她为什么还是没有安全感呢？因为内在的匮乏没有去除，恐惧没有去除。

我们在生活当中不断地打转，忙了半天，为什么心里却不快乐？我们不停地追逐，好像实现目标了，可怎么还是那么空虚呢？这是因为我们每个人从小就被父母设定了一些既定的模式和程序。

大家都了解飞机上有一种模式，叫作“自动巡航”，只要设定好之后，飞机就可以自动驾驶了。这时机长可以喝杯咖啡，甚至打个瞌睡。其实，我们很多时候就是活在这种自动巡航系统里面的。像我这位朋友，就是被恐惧和匮乏的模式所导引，所以赚再多钱她都觉得不够，没有安全感，在这一点上，她根本就失去了正常的判断能力，变得没有理性。

回忆一下，你曾经是否有过开车从甲地到乙地的经历——你根本不知道自己走了哪条路，碰到了几个红绿灯，你完全没有感觉，似乎突然就开到目的地了。虽然你脑子里想着别的事儿，可是身体却像一个机器人一样，遇到红灯会停车，遇到有车切过来的时候会踩刹车，遇到该转弯的时候会转弯……可是到达乙地之后，你忽然会觉得不知道怎么就到了。

其实在我们的人生当中，很多时候，我们都是在这种无意识的模式下运行的。当我们脱离不出来时，我们就会责怪别人，责怪时局，责怪自己的命运:

怎么会这个样子呢？我这么努力了，我对他那么好，他怎么还这样对我呢？

因为我们看不到，在我们的生命底下，有一台自动巡航的仪器，它在自动巡航。

就像你每天起床是从左边下还是右边下，这就是潜意识，都是它在主导我们每天的行为。每个人都有自己想要过的日子，想要做的事情，而且一直都是在自动巡航的模式下运作。这时你跟他说什么都没有用，你改变不了他。

所以，你必须不断地去观照自己的内在，看看究竟发生了什么事情，是什么在导航你的人生。只有这样你才有主控权，否则你就是你思想的奴隶，你就是你情绪的奴隶，你就是你命运的奴隶。

如果你每天的生活就是起床、做饭、送孩子上学、上班、回家、吃饭、洗澡，然后上床，每天就这样浑浑噩噩地过着，从来不去反思、观照自己的内在，那你就不要抱怨命运对你不公、抱怨你的生活不幸福。因为你没有观察你的生活，你没有掌握你的人生。

你失去的任何东西，
都会以另一种形式回来

我们需要带着觉知去生活，

潜意识是了解自我的最好途径。

当你意识到你失去的任何东西，

都会以另一种形式回来，

你会过得更快乐。

请别陷入内心的
匮乏感中不能自拔

有一些外在导向的人，其实内心会非常空虚，
在外抓取半天，虽然赢得了一些他们想要的关注、掌声、嘉许，
但是回到家中，
那种挥之不去的匮乏和空虚，还是缠绕着他们。

我们是否陷入了内心“匮乏感”的怪圈

曾经，我在微信公众号“张德芬空间”的“小时空修心课”里和大家讲到了我们的人生模式，很多人就是不断地在重复自己的人生模式，过着自己不想要的生活。如果我们看不见这种模式，是永远无法摆脱的，而每个人的模式，其实非常容易辨别出来，只要稍微留心，就可以看出来。

很多跟金钱过不去的人，他们也许正是因为对金钱有匮乏感，所以终其一生，都在追逐金钱。实际上，他们一生都在和自己的“匮乏感”战斗，最终可能反而驱逐了金钱。

又或许有些人有非常好的福报，因此今生累积了财富，但是，正因为对金钱有匮乏感，同时可能也有“不配得”的情结，所以财富的累积反而让他们不安心，也舍不得花钱，完全无法享受财富带来的好处。

又有些人，一生都在和自卑感战斗。我见过有些非常有成就的人，可是一开口就是为自己鼓掌，你说其他的人或东西好，他们立刻要加以批判，好像别人好了他们就不好似的。这类人常常会以自我为中心，仿佛生命中所有的人、事、物都是要为他们加分而来的，他们说的、做的、关心的，全都是为了让自我感觉良好，以对抗自己内在的那种自卑感。

自卑感的表现方式也有好多种。有些人是变成表现狂，特别喜欢夸张自己的功绩，人来疯，人一多就特别来劲儿。他们的所作所为，无一不是为了博得别人的眼球，这其实是在弥补小时候缺乏父母关注的遗憾。

而有些人则特别在乎自己有用没用。用得上他的知识、技术时特别高兴，像中了彩票。这种人小时候一定被父母视为无用，或是在成长过程中，曾经因为没用或不够有用而受过创伤，所以长大后，他要不断证明自己，来弥补那种遗憾。

这些外在导向的人，其实内心会非常空虚，在外抓取半天，虽然赢得了一些他们想要的关注、掌声、嘉许，但是回到家中，那种挥之不去的匮乏和空虚，还是缠绕着他们。

还有一种特别害怕别人瞧不起他的人，到处对号入座，认为别人不尊重他。这样的人会不自觉地把这个世界变成他想要的样子——别人不尊重他。

这样的人有三个“法宝”：

1. 吸引不尊重他的人来到身边，因为他散发着不被尊重的能量（你害怕什么，就吸引来什么）。

2. 他会曲解别人的言语、行为，认为这就是别人不尊重他的证据。

3. 他的一些行为（因为太在乎别人尊不尊重他），反而会让周围的人不自觉地不尊重他。因此，他就创造了一个“到处都有人不尊重我”的世界。

我自己也曾经对号入座过我的不被爱的情结模式。小时候，父母虽然很爱我，可是难免有疏失之处，不知道为什么，我诠释他们的行为是“不爱我”，因此种下了我“不被爱”的感受。成年后，我会在亲密关系里面寻找不被爱的证据，或是吸引没有能力爱我的男人，最终，我的行为让爱我的男人停止爱我。

如何突破“不想要的生活”模式

1. 先去找到自己是被哪种感受绑架：不被爱、不被尊重、需要有用（害怕自己没用)、自卑(我不够好,我没人家好)、没钱很不安全、我就是不值得……

2. 找到这种反复出现的感受以后，认清它是自己的模式、情结，而不是真实的，并且下定决心不再被它愚弄、绑架。

3. 每次它出现的时候，一定要立刻看到它（观照、觉察），然后带着理解跟它说，我看到你了，我接受你的存在，但是我不会让你来干扰我看待事物和人的方式，更不会听你发号施令去影响我的行为。

如此反复练习，不让这种感觉掌控你，更不让它成为你行为的唆使者。

祝愿我们都能成为自己心念的主人，不被自己的模式所奴役和掌控。

做以往不敢做的事，最终过我想过的生活

那些总是在自己的舒适区骄纵着自己的人，无法成长。
而且很多人的舒适区竟然是受苦，
痛苦使他们有存在感、自我感，或者说，
人生不痛苦就不够有滋味。

宫崎骏说：“我始终相信，在这个世界上，一定有另一个自己，在做着我不敢做的事，在过着我想过的生活。”但我更愿意相信，这一生，我会努力挑战自己的舒适区，做我以往不敢做的事，最终过我想过的生活。

一段刻骨铭心的爱情的破碎，让我看到自己的许多不是。一段长途艰苦的团体旅程，暴露了自己的许多不堪。还好，我越来越爱自己，看到了这些长久以来被压抑或自己视而不见的部分，用爱去接受、整合它们，让自己成为一个更完整的人，而不是“好人”或“女神”。

有人说：“在爱情面前，谁认真谁就会输。”话是不错，但爱情是游戏吗？要有输赢吗？如果只看输赢，对我来说就不是爱情了。

有些人喜欢跟自己过不去，他们惩罚自己的方式，通常是惩罚自己的亲密伴侣。所以，我们需要觉察自己的行为哪些是意气用事，伤害了别人，也造成了自己的痛苦。不要一味去责怪别人。觉察之后，要痛下决心改变。

让我们学会信任的，不是去相信别人不会伤害我们，而是让自己学会接受伤害，并因而成长。

那些总是在自己的舒适区骄纵着自己的人，无法成长。而且很多人的舒适区竟然是受苦，痛苦使他们有存在感、自我感，或者说，人生不痛苦就不够有滋味。

▶ 面对令人情何以堪的负面情绪，无论是对一个人的思念，还是悔恨、自责、羞愧、悲伤、愤怒，只要承认并接受“这辈子也许永远无法放下这个情绪”的事实，你的感觉就会有所变化。那个痛可能还会在，但已经不影响你了。

▶ 改变习惯和态度需要付出代价，但是相较于不好的习惯和态度为我们所带来的麻烦，还是改变比较划算。

▶ 真正的宽恕，是看到其实没有你需要原谅的人或事，所有的事情都是为你而来。口口声声说要宽恕的人，其实还是受害者心态，强迫自己要忍。

▶ 有受害者心态的人，总觉得发生的事情都是冲着他来的，害他变得怎样怎样。一个人如果抱持这种心态，是很难快乐起来的，生活也容易不顺利，更重要的是，你这种看待事物的观点，会不知不觉地传给下一代。

▶ 我们有时候会说，当初看走眼了怎样怎样的，其实不是看走眼，而是我们自己的内在有一个“要”，有一个“贪”，所以才会做出那些后来看起来愚蠢的事，才会让其他人有可乘之机。

▶ 过于用力展现自己美好一面的人，往往也是最不能接受自己不好那一面的人。

一切都会变好

如果你真的相信自己生活中的一切事情都可以向好的方向发展，都将为你服务，那你就能有爱。

相信一切都会变好，你不会损失什么

我们需要有力量去做出选择，如果你选择相信一切都会变好，你不会损失什么。

印度有部电影叫《三傻大闹宝莱坞》（*Three Idiots*），里面有句话："一切都会变好（All is well）。"这句话就像一句咒语一样，"一切都会变好，一切都会变好”，不管你什么时候感到害怕，你都可以念这一句。电影里的主人公说，我们的大脑非常狡猾，它会对你撒谎，恐吓你将会处于危险之中，所有事情都会很糟糕。这时如果你念这句咒语提醒自己，“一切都会变好，一切都会变好，一切都会变好”，就可以摆脱大脑的欺骗，之后就会感觉好很多，并冷静下来，于是一切真的都变好了。

我们需要这种信念。如果你真的相信生活中的一切事情都可以向好的方向发展，都将为你服务，那你就能有爱。因此，即便是给自己洗脑，我们也要变得积极，想象自己终将过上快乐的生活，想象一切事情都会变好。即便你最后发现自己的生活并没有变好，过的也并不是自己想要的生活，你也不会有什么损失。因为至少你在追求的过程中曾经快乐过，而且这个过程本身就已经很有趣，这就够了。

在电影《我们到底知道多少？》（*What the Bleep Do We Know？*）里面，科学家也表示，我们的大脑并不能真正地分辨现实和想象之间的区别。你会体验到你所想象的一切事情，那我们为什么不想点好的事情让自己快乐呢?

那么我们要如何说服自己，一切事情都将变得很好呢?

我们可以预先观想我们想要在未来实现的一些事情，比如你要上台，但却害怕在公众面前发言，你可以预设自己将要面对的场景，先预演一番，给自己鼓励和勇气。

电影《大鱼》（*Big Fish*）里有一个可爱的男主角，他从一个女巫的眼睛里看到了自己将怎样死去，于是他对死亡变得无所畏惧。后来，他们的小镇来了一个巨人。人们传说这个巨人会吃活人，而且他已经吃掉了农场里所有的羊，所以没人敢去跟巨人交涉。但这个小男孩却勇敢地去找这个巨人，因为他知道自己最后不是这么死的。小男孩找到巨人后，发现巨人其实很友善，只是因为太饿才吃掉了所有的羊。最后，所有的事情都得到了圆满的解决，只是因为小男孩知道了自己最终的死法。

我们必须清楚，我们是可以改变自己的生活态度的。它并不是你的一部分，并没有固化在你的体系内，而是从家庭、学校和社会中学到的。这种习惯、模式并不是一天就形成的，要改变它至少需要 21 天，也可能需要 30 天或 3 个月。

不走出你的舒适区，你将会处于危险之中

感觉悲伤让我们很舒适，感觉困惑让我们很舒适，感觉悲观让我们很舒适，因为这是我们从小到大的习惯模式。如果想让自己变得乐观，我们必须努力走出自己的舒适区。

然而在生活中，大部分人在本质上都很懒。有时候，我们在自己的舒适区过得很舒服。但是待在舒适区，你是无意识的。

如果你不想改变自己，不想遇见幸福的话，你就待在现在的舒适区继续

过下去；但如果你想要遇见幸福的自己，想要有所改变的话，你一定要走出你的舒适区，强迫自己去做一些改变。

有时候，我们某些不知名的恐惧，真的是很难消除。比如说，有些人不敢关灯睡觉，那你就开着灯睡觉嘛！又比如说，你知道自己很“恐病”，你就强迫自己去面对那种痛或者不舒服，如果你真的很难过，再去医院看医生。

还有一些让我们不舒服的感受，通常我们看到它来就会逃跑。比如，每当母亲跟你抱怨，你就会产生愧疚的感受。久而久之，愧疚多了承受不住了，你就恼羞成怒，时常和母亲起冲突。其实，我们要做的，就是在当下深吸一口气，学会和那个不舒服的愧疚感待在一起，守住自己，看着它，它就会渐渐消散的。

当一个人欠缺什么的时候，就要给出去什么

我们需要尝试用各种不同的思维方式来改变自己的看法。
这样的话，你做事情的时候就不会畏首畏尾，
觉得受到了捆绑；不会心不甘情不愿地去做事情，
做了后又不高兴。

我常常一个人出门旅行，所以在坐飞机的时候，会不时地被旁边的情侣要求换位子。通常，我都是保留了靠窗的座位。有一次，我从南极回来，飞了 30 个小时，已经很累了，我希望能靠着窗好好睡一下。可是，有一对夫妻想要坐在一起，希望我换到靠走道的位子上，我答应了。

你也许会觉得我很善良，或是怎么样。其实不是，我只是觉得：当一个人欠缺什么的时候，就要给出去什么。譬如，你给别人祝福，这个祝福就会回到你自己身上。因为我现在单身，形单影只的，所以看到别的夫妻想要坐在一起，想要团圆在一起，就让他们能够达成心愿，而这个祝福别人成双成对的能量，我相信也会回到自己身上。所以，做这件事情的时候，我是心甘情愿的。

在生活中，有很多人会不自觉地把自己代入受害者模式中，遇到一些不公的事情时，他们没有办法直起腰来为自己发声，争取自己的权益，总觉得是别人伤害了他们。其实，没有任何人伤害他们，是他们自己让自己变成了受害者。而受害者通常没有办法吞下自己的委屈，所以他还会找一个人去责怪、发泄。这时他们又变成了迫害者的角色。而这些都不是好角色，扮演起来其实挺受苦的。

我觉得大家可以去看一看，在你的生活当中，是否也有一些这样的事情——你做的时候其实心不甘情不愿，但是又没有办法拒绝，从而让自己陷入一个两难的境地。你会觉得很难受，于是就会找一个人来出气，来投诉，来发泄。

我希望从此以后，如果你再遇到这种情形，能够找到另外一种方式来疏解自己的心情。比方说换位子这件事情，要是你不想换的话，那就心安理得地坐在那里，不要觉得愧疚；如果觉得愧疚，那就好好跟自己的愧疚待在一起，不用勉强去做自己不想做的事情；如果你想换，那就把自己内在的委屈都消化掉，让自己能够自圆其说、心甘情愿地去换。我觉得做好这样的小事对于我们生活质量的提升来说是非常非常重要的，同时也能成为我们人际关系的润滑剂，让彼此的关系变得更好。

我们需要尝试换用各种不同的思维方式来改变自己的看法。这样的话，你做事情的时候就不会畏首畏尾，觉得受到了捆绑；不会心不甘情不愿地去做事情，做了后又不高兴。

我曾看到一篇文章，里面提到：哈佛大学花了大概 70 年的时间跟踪调查了一批人，看这些人平常生活的喜悦程度，和他们在职业生涯是否成功，以及赚取了多少金钱是否有关系。研究发现，人际关系比较好的人，往往生活质量比较高，快乐程度也比较高，同时挣的钱也比较多，事业也比较成功。最重要的一点就是，他的健康状况也会比较好。

所以说，我们怎样把人际关系处好，是非常非常重要的。

我最近越来越觉得，真正的修行，其实并不是去做那些宗教或仪式上的修持。当然，那些也是很重要的，因为它们可以带给我们一些心灵上的安慰，提升我们的能量。但是，真正的修行还是要落实在生活当中。

当我们跟外界的人或事发生冲突的时候，我们能不能从中觉察到自己的一些习性？比方说对方一定有错，但是我们一定也有可以改进的地方。像我刚刚提到的那些陷入受害者模式的人，他们都没有看到自己的问题，只是看到了对方的错误，这说明他们没有能力把眼光收回来看自己。所以，我希望大家至少能够有这个能力——在与人发生冲突之后，能够把一些眼光收回来看看自己——我身上到底有什么样的信念模式在作祟，到底时常沉溺在什么样的情绪模式中不能自拔?

因为我无法和这个情绪共处，所以我才会产生这样的行为，造成这样的结果。

如果我们都能够有这样的反思，我们的人际关系一定会越来越好的。

别人永远都无法给你公正的评判和对待

每个人都是从自己的观点、
利益点来看事情或评价人，
几乎没有例外。

曾经和女儿一起去看了电影《我们诞生在中国》，这部电影介绍了几种动物在一年多时间内的春夏秋冬四季的生活发展，很有意思。

影片中，介绍了一头叫作“达娃”的雪豹，它在气候恶劣、土壤贫瘠的荒野高原上抚养两个宝宝，非常不容易。冬天到了，达娃几乎没什么吃的，捕猎时脚又受伤了，真是雪上加霜。好不容易等到了春天，可是只有牦牛群经过，它饿慌了，两个孩子也是。于是，达娃冒着生命危险冲入牛群中，想要叼走小牛犊。

可是，体重超过它十倍的牦牛们可不依，同样的护子心切，牦牛妈妈用牛角猛力冲撞达娃。达娃负伤严重，只得放下小牛犊逃跑，最后因伤势过重死在了冰原上，它的两个孩子可能也成为其他雪豹的粮食了。

当那惊心动魄的一幕发生时，我和女儿握着手，手心都出汗了。看着达娃为了生存拼死奋斗，最后因不敌而负伤身亡时，我和女儿都哀叹不已。

可是我们后来在讨论时说，只因为我们看了达娃好几季的生活了，偏偏导演又给它取了名字，让我们感觉它是一位老朋友，希望它好。可是却没有想过，人家牦牛也是一家子呢，好不容易生了小牛，能让雪豹轻易叼走吗?

但是只因我们对达娃有感情，所以不顾牦牛的感受，只希望达娃能够顺利抢走小牛充饥，好让它和孩子们能够活下去。

这让我想到我们的人生：每个人都是从自己的观点、利益点来看事情或评价人，几乎没有例外。

这样的毛病我自己有时也会犯，可是我会提醒自己，当朋友跟我诉苦，小孩找我商量事情时，我会尽量从一个客观公正的角度、不带任何偏见地去帮对方分析。

比方说我有一个朋友，她的爱人对她其实非常好，但是她爱人的个性和能量与我有点犯冲。我很少讨厌什么人，但是我不会喜欢那些对我有成见、不喜欢我的人。然而，每次朋友跟我抱怨她的爱人怎样怎样，想要离开的时候，我都会劝诫她不要这样，要多想对方的好处。如果我没有意识到我应该是要为了我的朋友好，不能为我自己的个人喜好和恩怨而出言相劝，我可能会和朋友一起说她丈夫的坏话，劝她分手。

所以，人只是关心自己要关心的东西，过滤能力特别强。就像我的婚变，每个人的看法也是各取所需——从自己想要看的角度来看待。

有些人会说："德芬好勇敢哦，始终知道自己要什么，不会屈就。"

有些人会好奇地打探细节隐私。

有些人则会批判说："她写了那么多书，却连自己的婚姻都弄不好，哼！"

众口悠悠，每个人的角度不同、观点不同，我们无法杜绝别人的批评，只能心安理得地做好自己。

想要别人改变观点，有时也不是一件难事——你只要把他和你的利益放在一起就可以了。所以，聪明人其实会创造双赢的局面，只有愚拙顽固的人，才会任性地采取两败俱伤的做法。

亲爱的，
别再受潜意识的操纵了

所谓灵性成长，就是不断把潜意识的东西慢慢带出来。
因为潜意识就像一座冰山，它每天都在操控我们的生活。

为什么我们常常会做一些莫名其妙的事——唤醒自己 ◀◀◀

什么叫唤醒？

就是如果我们不是带着觉知去生活的话，你就会像一个机器人一样，被自动化的机械制约着你的行为模式，就如同植入了电脑程序一样运作你的人生。

当然，这个时候都是潜意识在主导你的行为。你不了解你的潜意识，不明白自己为什么会莫名其妙地去做一些连你自己都不知道为什么要去做的事情，然后你会觉得："这个人为什么会让我这么不快乐，刚刚我为什么要对他那么凶？"

你完全不懂。

有时候，你会突然醒过来，说："怎么回事，刚刚为什么这样？"

这种情况会越来越多。除非你能够觉醒过来，并且有意识地去观察自己：此刻的我，内在有什么样的感受和情绪？刚刚我看到那个人的所作所为时，他让我觉得自己不够好，所以我会出言去攻击他。他让我不舒服，所以我会怎样怎样做，这样我就明白了我刚刚的反应。

所谓灵性成长，就是不断把潜意识的东西慢慢带出来。因为潜意识就像一座冰山，它每天都在操控我们的生活。我们要一点一滴地把自己潜意识的东西带出来，慢慢地，你就会更加了解自己的起心动念，以及自己为什么要做这个事，为什么不快乐。

了解别人容易，了解自己却很困难。因为我们的很多东西都在潜意识里面，只是不愿意看到它，才把它压到潜意识里面去。所以说，通过潜意识来了解自己是最好的途径。

你在别人身上看到的东西，你自己都有

那么，怎样才能通过潜意识来了解自己呢？

首先就是去观察自己的内在阴影——带有负面能量的那部分。

阴影不见得都是坏的。比如说很多读者都很喜欢我，觉得我既聪明又优雅等。其实这些人在我身上看到的东西，他们自己都有，这就叫黄金投射。可能小时候因为某种因素，他们不愿意让自己太聪明、太优雅。现在他们其实都做得到，只是没有往那个方向发展，所以才会把对这些特质的向往投射在别人身上。

还有一些负面评价，比如“这个人怎么这么懒惰，我好讨厌他。这个人怎么这么虚假，我好讨厌他……”

如果你因为一个人的某种行为而很讨厌他的话，那也是你的投射——阴影的投射。比如我不愿意承认自己有虚假的一面，而且我也很讨厌自己虚假的那一面，但我总不能一天到晚骂自己吧？所以看到别人虚假，我就特别想去骂他：这个假惺惺的人太恶心了。

这些都是潜意识里的活动，当我们慢慢把它带到意识表面上来时，我们会过得更快乐。

你随意评判别人的话，都会回到自己身上

曾经，我跟一个人反馈说她讲话尖酸刻薄（当然也是未受邀请的反馈），当时我说的时候并没有什么情绪，只是如实反映，也没有批评的意思。然而这个人却完全不同意，她没看到自己当时那一副损人的样子，只是非常情绪化地予以否认。

这让我想起我孩子小的时候，那时我在新加坡的一个大公司上班，非常忙碌，也没有开始灵修，所以脾气很坏，常常责骂孩子。孩子的爸爸那时候就告诉我："我真想把你对孩子说的话录下来，让你自己听听。"我当时还不服气。后来，我得了抑郁症，不得不自己沉淀下来，开始向内探索的时候，才逐渐看到自己的言行是怎样地在伤害别人。

随意评判别人会让自己感觉良好，尤其是评判名人。因为你知道名人的一些私事，或者你站在一个观点上去批判别人，就会觉得自己道德崇高：评判这个人怎么样，那个人怎么样。比如说某个明星结婚了，那个男的不怎么样啊之类的评判，好像这样一说，自己就是个人物了。

现在我觉得，你看到别人的好，就随喜上去，不要去批判和评价，我们为他感到开心，祝福他就可以了。

如此，你就会把他的正能量也带回来给自己；相反，如果你看到别人的好，就去投掷负面能量给他，那么这个负面能量也会反射回你自己身上。所以说，

如果我们想要去批判的时候，就要注意到这一点。

所有正能量发出去，同样的正能量会回到我们身上；所有的负能量发出去，也会加倍地回到我们自己身上。其实这个世界就是一面镜子，你展现了什么面貌给它，它就会用什么样的面貌来还给你。

佛家说随喜，告诫我们不要做违心的事，就是说我们所说的话、所做的事，一定是发自我们的心，出自我们的意。佛家讲身、语、意，主要就在于源头是否出于好心、好意。

其实，亲密关系里的评判性，有时候会格外严重。如果这个问题是发生在别人身上，我们可能不会觉得怎么样，可如果是发生在我们的亲密伴侣身上，我们可能就会去指责他，因为我的利益跟他是牵扯在一块的，那我对他的批判可能会格外严重。比如当别人做了一件我看不惯的事情时，我会觉得跟他又不熟，不关我的事；可要是亲密关系中的他做了一件我看不惯的事情，因为我和他彼此很熟了，所以我就会不顾礼貌和彼此的界限去批判他，这个是蛮有杀伤力的。

生命中遇到的一切，都是用来帮助你成长的

人生就是一个不断学习和成长的过程，
而生命中遇到的那些人、事、物，
都是来帮助自己成长的。

生命中的难题，反映了旧时的记忆和创伤

很多人问我，真的有因果报应吗？业力到底是什么呢？

因果报应这件事，真的很难说清楚，因此我无法给予一个明确的“有”或“没有”作为答案。但是我可以和大家分享自己在这方面的体会。

观察周围的朋友和我自己，我发现：所有让你不舒服的关系和发生在你

身上的不愉快的事，都是专门为你量身打造的。

也就是说，我的问题，在你那里不会造成困扰；而你的问题，对我来说真的不是个事儿。

为什么会这样呢？

因为我们的人生就是一个不断学习和成长的过程，而生命中遇到的那些人、事、物，都是来帮助自己成长的。

比如我，看似在生命中的各个层面都已经修得差不多了，父母关系、亲子关系、朋友关系、事业、金钱、健康，几乎都可以过关。所以，我平时好像是个专家，任何朋友有这些方面的困惑，我都可以给出答案，帮助解决。在这个过程中，我常常感叹："哎，这件事摆在我身上，根本不是任何问题，绝对不会造成这么大的困扰。"

然而作为"补偿"，我的亲密关系却一塌糊涂。

我的亲密关系问题，对周遭的闺密来说也是不可思议的。她们会觉得，这种事情根本就不会发生在她们身上，如果发生了，她们的应对方式也与我不同，绝对不会这么麻烦、这么痛苦。最后，逼得我不得不好好去面对自己内在的问题。因为，显然症结不是出在这件事或那个人身上，而是我自己内在需要学习、需要被疗愈。

因此，每当我们说："为什么我这么倒霉，遇到这样的人？为什么我这么不幸，碰到这样的事？"其实，如果静下心来回观一下自己，你便会发现，不是有缘不会相会——这件事或这个人，就是直捣你的命门而来的。后来我真的发现，每个人在生命中所遇到的难题，真的是专门为了针对你的内在需要被唤起并疗愈的那部分而设计的。

所以，会问有没有“因果报应”的人，一定是卡在某件事或是与某个人的关系当中煎熬的人；会在乎“业力”的人，也一定是莫名其妙被卡在一个痛苦的情境里面脱不了身的人。无奈之余，他们会问：“这是不是因果业报啊？我上辈子做了什么，或是我欠了什么，要遭逢、面对这样的事？”其实，这样的问法是无力的、被动的、脆弱的。你不如这样问：“这件事、这个人，反映了我旧时的什么记忆和创伤？我现在应该如何去疗愈它？”这才是正确的问法。

自己的坏情绪，不要去找替死鬼

脱离因果报应的方式很简单，但却不容易做到。那就是：为发生在你身上的事，负起 100% 的责任，愿意放下责怪、埋怨、罪咎，而坦然面对这件事或这个人，用“如何让这件事能够发展得更好”“如何弥补这件事的缺失”“如何让双方都能够更好过”的观点去处理这件事。

如果当中有和你对抗的一方，那就放过对方吧，只集中精力和注意力，花时间在你可以“做”的事情上。有时候，其实你根本不需要“做”什么，只要改变自己内在的想法、看法，整件事情就会有意想不到的结果出现。

有时候，我们遭逢打击，不得不承认好像就是有一股业力在牵引着我们，让我们去做自己不想做的事，动自己不愿意去动的念头，说自己不想说的话，既放不掉，也无法摆脱。

这个时候，我体会到，燃烧业力最好的方法，就是去感受和承担你最不愿意面对的情绪。也许是不被爱的感受，也许是被抛弃，觉得自己不够好，感到罪咎、羞愧、恐惧、不甘、愤怒、憎恨等等。因为我们自己内在控制不住这些感受，就会找个替死鬼来承接，所以怪罪别人要轻松容易得多。

我自己的经验就是，其他人真的只是来陪你玩这个游戏的，把焦点放在他们身上，怪罪他们，或是想要他们改变，真的是事倍功半，而非终极解决之道。

如果你想要真正的成长，想要拥有一个自由的灵魂、自在的人生，为自己的情绪负起责任是最重要的。我这个口号喊了很多年，“亲爱的，外面没有别人”已经说了好久了！但一直到最近，我才终于愿意勇敢地去直面自己最害怕的感受，并且为它负责。也只有在这个时候，我才能说，我稍稍做到位了。

为什么会这样呢?

因为面对自己比怪罪别人痛苦多了。诚实地去接纳自己的不堪，愿意去看到业力、因果都是我自己内在的记忆和旧时的创伤造成的，是多么令人不舒服不愉悦的事啊！相对来说，纠缠在某一个人或某一件事情上面，真的比较好玩，至少热闹，因为有那么多“他人”在陪你玩这个游戏。

但总有一天，你会像我一样，真的厌倦了、疲惫了，不想再玩这种“被他人、被情绪、被外境”奴役的游戏了。也许那个时候，你会真的愿意安静下来，回头看看自己，回来承担所有的责任，放过那个人，放下那件事，云淡风轻地过——日——子！

放下，
从放下面子开始

其实好面子的人，
就是把他身份的认同感放错了地方。

现在，很多人都爱说放下。什么叫放下？很多人说我不会放下，而且我也放不下。那么，放下从哪里开始？

放下，要从放下面子开始。这是人人都能做到的。可能说其他东西我放不下：我放不下对某个人的牵挂，我放不下对所执着之事的牵挂，等等。那么，就请试着从日常生活中的点滴小事，从放下我们的面子开始，其他的慢慢也就放下了。

其实好面子的人，就是把他身份的认同感放错了地方。

我们每个人都需要有一个自己的身份认同，如果没有做很多的工作去充盈内在的话，我们会不自觉地把爱人当作我们自己身份的一个延伸，把孩子当作我们身份的一个延伸，然后把自己的面子也当作自己身份的一个延伸。

在美国，高速公路上常常有公路暴力。双方抢车道时，一言不合就拔枪相对。为什么会这样呢？还是面子的问题。这其实是一件很无聊的事情，你在开车，别人抢你的车道你那么生气干吗？如果你去把他抓下来问，可能他真的是特别尿急要去上厕所；或者是他母亲生病了，他想赶到医院去看她。也许人家是有理由的，但你为什么要生气？因为你觉得他竟然敢抢你的车道，这让你没面子。

其实，有这种想法的人是很可怜的，他们把自己的身份认同建立在如此微不足道的地方——车辆正在行驶的车道上。这样的身份认同，就好像女人手里拿的包包——包包贵重，她就是一个尊贵的人；要是拿着名不见经传几十块钱的包包，她就会觉得自己特别没有价值，会被人看不起。

如果把自己的价值、生命的价值和自己的身份认同，都放在这些外在的东西上，那你自然而然地就会在很多关系里面一直有冲突。因为你需要不断地向外抓取东西，来增加自己身份认同的价值感。

如果你的内在对自己不认可，找不到一个能够安身立命的所在的话，你所有的身份认同和价值感都是来自外在，那你就会很重视面子。那么在生活的各个方面和各种关系里面，你永远都是面子挂帅，会活得非常累。

在生活中，我们看到很多人都是活给别人看的。比如一些所谓的“土豪”就是这样：他们穿的衣服、鞋子，开的车都是哪种贵就买哪种，可是他们出门住酒店，却住很便宜的酒店，买机票也绝对不会买公务舱。这就很奇怪了，他们一双鞋子的钱就可以坐一趟舒服的十几个小时的长途飞行，可他们偏不，他们宁可穿着漂亮的鞋子给别人看，然后在别人看不到的时候自己吃苦，虐待自己。这就是那种需要从外在来寻求身份认同感的人，这种人注定过得相当辛苦，也很难得到真正的快乐。

退一步来说，就算你拿着一个名贵的包包，那又怎么样？看你不顺眼的人，还是看你不顺眼，你永远无法控制别人怎么想。穿衣服也是一样的道理，有些人甚至没有自尊、没有自信到了好像身上不穿着名牌衣服就不敢出门的地步，这真是很可悲的。

在职场上，大家知道公司里常常有办公室政治之类的纷争，其实争来争去，也还是一个面子问题。你要这么去想：我尽力把事情做好，这是最重要的，而不是为了我的面子。归根结底这种政治斗争多了以后，对公司来说是一点都不好的，因为事情都没人做，大家都去权力斗争了。朋友关系、亲子关系也是如此，如果说你没有办法跟自己的孩子道歉的话，这也是一个问题，因为大人总有做错的时候，那个时候我们就该跟孩子道歉。

真正能够放下面子的人，才是最有力量的人。

真正有内在力量的人，是不在意面子的。

很多人总是很在乎面子，但很可悲的是别人都能清清楚楚地看到你在做什么——其实你内心很没谱、非常空虚，所以才这么要面子。反过来说，如果你不是那么在意面子问题，那么反映在所作所为上，就会让别人感觉到你的内在真的是有力量的，反而能赢得别人的尊重。我们在与人相处时，最终目的不就是希望别人能够尊重我们吗？想要追求自我感觉良好，那就要看这种感觉是来自外在还是内在，是外在导向还是内在导向，弄清楚这个才是最重要的。

你所要的，真的是你想要的吗

你是否能够不被自己的贪婪和匮乏感所蒙蔽，
而愿意去配合这些规则的运作，
在其中为自己创造比较有利的机会？

对每个人来说，选择都不是一件容易的事，因为我们的每一个选择，都在左右着自己的人生。过于牺牲或者过于贪婪，都可能导致悲剧的发生，关键在于你知不知道自己真正要什么。

我有一个男性朋友，自己开公司赚了一些钱，长相斯文普通，人还算忠厚善良，但为人节俭吝啬，而且言语无趣，没什么生活品位。每次和一群女孩子出去吃饭，他都要 go dutch（分账）。我常常送一些书给他，他从来都问心无愧地收下，没有任何回馈的表示。

他当时跟我说他的梦想：娶一个长发披肩、皮肤白皙、貌美如花的妻子，而且还要为他生儿育女。由于他年纪也不小了，而且是二婚，所以我个人觉得概率不大。但是我那个时候刚好在玩心想事成的游戏（十几年前了），所以就教他发愿，每天早上醒来就观想这个女人在他的怀抱中，晚上睡觉前也是。

大概他心意非常坚定，过了两年，居然让他碰到了。这个女人非常美丽，身材也好，皮肤白皙，总之，她的外貌就是他梦寐以求的女神样子。后来听说他斥资为她在台北富人区买了豪宅、名车，常常去名牌店购物……

后来，他们果然步入了婚姻的礼堂。

婚后没多久，女的就怀孕了。听说两人这时开始争执，越来越多，常常吵得不可开交。但他们最终还是生了一儿一女，如了我朋友的愿。

然而，这些年来因为两个人争吵不断而带来的郁结情绪，让我的朋友得了重病。最后当他撒手人寰的时候，最小的孩子才一岁多。他的财产，当然都给这位美女和两个没有爸爸的孩子享用了。

这个故事让我非常感慨。很多人总是不知道自己到底适合什么样的人、该做什么样的工作。虽然我们常说，要站得高、看得远，但是现实的考虑是不可以没有的。我的朋友就没有考虑到，以他这样无趣、无才、相貌又普通的人，人家超级美女为什么要嫁给他？

我看过很多人，都有一定的能力，他们积极投入事业，奋发向上，但是目标太高，身段也高，不肯从小的地方扎扎实实地做起，总幻想有一天天上会掉个大馅饼下来，最后落得一事无成。

这就是典型的好高骛远，可是身在其中的人却一无所知。

也许，我们在编织自己梦想的同时，也应该好好衡量一下自己的条件和状况，不要存有侥幸心理。最好就是多去咨询其他有识之士，诚恳地请教那些有经验、有智慧的人，给自己一些中肯的建议，而不是一味地去追逐梦想。

追逐梦想不是不可以，而是要看清楚自己的意图。如果完全是出于匮乏，想要证明自己，或是对金钱恐惧，想要大捞一笔，这种意图很难让你有所成就，就算最后成功了，也无法享受自己奋斗而来的成果。因为那些匮乏和恐惧的情绪模式，不会因为你的成功和有钱而改变。

太过飘浮在空中、无法脚踏实地做事的人，最终可能都会得出一个结论：这个世界是不友善的，自己非常倒霉，总是没有好运。其实，还有一种说法是：好运是机会碰到了准备好的人。你有没有能力消受这样的美女？钱财来了你是否守得住？好运来了你是否会珍惜？礼物来临之前，总会有一些插曲，你是否看得到，准备好接受礼物？

这个世界虽然不一定是公平的，但是它的确存在一些事物运作的潜规则。你是否了解这些潜在的规则？你是否能够不被自己的贪婪和匮乏所蒙蔽，而愿意去配合这些规则的运作，在其中为自己创造比较有利的机会？所以最终回头看自己，给自己一个公正的评价，再决定你要什么，这样才是比较理性的。

这也是心想事成的一个重大的陷阱：你所要的，真的是你想要的吗？它来了，你能把握得住吗？想清楚了再去许愿、再去追求，可能才是明智之举。

随时检视对自己有害的思维模式、信念体系和行为模式

如果我们能够看到对自己有害的思维模式、
信念体系和行为模式，并马上开始改变的话，
那我们的生命就会有很大的不同。

在生活中，我们每一个人的信念系统里面都有一些非常奇怪的东西。比方说，我认识一个女孩，她非常非常优秀，是一家非常红火的公司的CFO——首席财务官。可她对自己的评价却非常低——她长得很漂亮，却觉得自己丑得要命；她其实很能干，却觉得自己一点都不好。

这种人就像是活在自己的一种梦幻式的邪教体系当中，他们坚信自己是不好的、没有价值的，所以自身的健康状况、人际关系和喜悦程度，绝对都比较低。

我也看到一些人有非常自卑的情绪，你跟他在一起，你说什么话他都会联想到你瞧不起他，你不尊重他。

我一个朋友的爱人就是这样子的，一不小心就会踩到他的雷区，说每一句话都得深思熟虑，不能随随便便就去否认他的意见，更不能说他有任何不好。只要一戳到他的痛处，那简直就是滔天大罪，他可以三天都不理你，摆一张臭脸，所以跟这样的人在一起很辛苦。

我觉得像这样的人总是认为这个世界就是瞧不起自己，每个人都是来欺负他的，都是针对他而来的。当然，他也会让你过得非常不快乐。

我还曾近距离地见过另外一种人，他觉得自己的母亲非常糟糕，所以他有责任和义务去教训他的母亲。虽然他已经快 60 岁了，而他的母亲都已经快 80 岁了，可是他常常出言不逊，对母亲恶声恶气的，甚至要动手打他的母亲，说要教训她一下，让她知道厉害。

当我劝他的时候，我发现他也是完全停留在一种思想体系里面，完完全全看不到自己有任何错误，还总是振振有词地为自己的行为辩护。

我觉得，上面所说的这几种人，他们的思想体系根本就是一种邪教，对自己非常不利。

其实，所谓的邪教，就是一种过于偏执的信仰。不仅对自己有害，对他人也有害。然而，有一些宗教信徒，或是参加某些宗教组织的人，他们自我感觉良好，过着非常充实的生活，非常信奉自己那个团体所传输的教导，也在身体力行地实践，并没有去压迫别人、强迫别人，或是做出伤害别人的事情，我觉得这种是可以接受的。因为他们只要在某种信念体系里面不去伤害别人，不去危害自己家人的利益，我觉得这样也挺好的。

我希望大家都能有一种意愿去观察自己，都来检视一下自己的日常生活，看看自己的生命中，到底有没有一个一贯的模式可以遵循，有哪些模式是一再重复发生的，而且对自己是相当不利的，可能它就是你需要去疗愈的模式了。

然后，知道自己目前生命中所有存在的问题，不是来自外界的人、事、物，而是来自我们自己没有足够的能量，没有足够的空间去应对这些人、事、物。如果我们能够看到对自己有害的思维模式、信念体系和行为模式，并进而能够改变的话，那我们的生命就会有很大的不同。

内心比红颜更久远

你每天喂给自己的灵魂什么食物?
你的所思所想、接触的人、说的话、做的事，都会影响你精神养分的摄取。
到了一定的年龄以后，其实真正的颜值就在于精神颜值，外在的条件都已经不重要了。

女人最应该呵护的是“精神颜值”

你的脸上、你的气质、你的气场里面，
写着的是你走过的路、看过的书、交往的朋友、爱过的人，
甚至你的人生观和价值观，都可以一览无余地被读出来。

第一次听到“精神颜值”这个名词的时候，觉得很有趣。精神，应该是无形的；颜值，是有形的。这两个词语凑在一块，我们应该怎么去理解比较好呢？我思考之后的想法是，一个人的精神面貌，其实应该是会显现在他的外在的。

我们常说，一个人 30 岁以前的面孔，是由父母决定的，也就是说先天的基因比较重要；而 30 岁以后的面容，就需要自己负责了。因为你的脸上、你的气质、你的气场里面，写着的是你走过的路、看过的书、交往的朋友、爱过的人，甚至你的人生观和价值观，都可以一览无余地被读出来。

我喜欢举的例子就是一个具有传奇色彩的中国女子，她嫁给了世界级的富豪，但是却没能守住这段婚姻。她离婚时和结婚时的照片，判若两人。其实，岁月的痕迹并不重要，重要的是它在你脸上刻画的线条。以她的财富，现在各种微整形那么发达，说什么也不至于落得一张充满尖刻线条、怨愤不满形诸于色的脸孔。最近她频频结交小鲜肉，恋爱不断，脸上的线条就柔和多了。

所以说，精神颜值就是岁月、时光在你脸上刻画出的气质线条。你给人家的第一印象，和你相处的人的感受，都是你精神颜值的表现之处。

学习心灵成长一段时间之后，我也开始不自觉地从别人的面孔、言行举止，尤其是眼神，去看他们的生命故事。正所谓“凡走过的，必留下痕迹”。你的生命轨迹，必然会以某种方式——无论是有形的还是无形的——呈现出来。

有种职业苦相的人最容易被认出来，他们的眼角眉梢尽是苦味，好像有一肚子的眼泪没有流出来。而那些比较刻薄、犀利、严酷的人，他们的能量场就是会让人不舒服的，更何况脸上还刻着各种不屑和轻视。

所以，自我成长和灵性成长，其实就是在帮助自己培养一个比较健康、好看的精神颜值。当你能够理解自己，接纳自己，和自己为友，甚至爱上自己，那么你的精神颜值一定会大大地提高。

你每天喂给自己的灵魂什么食物？你的所思所想、接触的人、说的话、做的事，都会影响你精神养分的摄取。你看书吗？听音乐吗？你反思吗？自省吗？你静坐吗？接近大自然吗？你诚实吗？善良吗？快乐吗？你每天接触的、发散的是什么样的能量振动频率？接触你的人感觉舒服吗？这些都是培养我们精神颜值的最佳指标。到了一定的年龄以后，其实真正的颜值就在于精神颜值，外在的条件都已经不重要了。

所以，我们就从今天开始，关注自己的精神颜值，永远不迟！

教养，
是女人一生最大的财富

一个女人的教养，就表现在当你触犯了她的利益之后，她的表现是不是宽容大度。

谈到女人的教养，这也牵扯到她是不是足够善良，会不会泼妇骂街，让男人没面子，或者是当她的利益被侵犯的时候，她会用什么方式去回应。

我常常教我儿子：在跟女人交往的时候，你要看她跟前男友是因为什么问题分手的，通常她会重复之前的分手模式。你要看她提到前男友时是什么样的反应，如果她还是一直在骂对方，一直说对方不好的话，那么你就要小心了，她对你也会重复这个模式。

我觉得一个女人的教养，就表现在当你触犯了她的利益之后，她的表现是不是宽容大度。也许刚触犯到她的时候，她会很生气，可是之后她可以原谅，可以包容，那么这就是一个女人的教养。拥有这种教养的女人，对男人来说是终生的财富。因为一个人真的宽容、放过了别人，也就会宽容、放过自己，反之亦然。而且，一个有教养的女人，教养出来的孩子也会比较好。

所以男人找对象真的要注意，娶妻不好是祸延三代的，她会直接影响孩子，然后孩子影响孙子，几乎要三代才能修正过来。

没有教养，祸延三代

没有教养，祸延三代，这绝不是耸人听闻。

我的一个朋友，就是因为她奶奶不好，所以教养出来的她爸爸不好，爸爸不好，所以娶的她妈妈个性也不好，然后生下她来，她也很辛苦。后来她接触了灵性成长，不断地修，过后她的女儿就很好了。算一算，这真的是影响了三代，直到第四代才改正过来。

在大多数情况下，教养和文化并没有直接关系，和学识、学历也没有多大关系。有时候你会发现：一个农村不识字的妇女，胸怀和涵养却非常棒；

而有些受过高等教育的，居然还到监牢里去了。

教养主要还是跟个性有关，跟小时候的家庭成长环境有关。

我在《遇见未知的自己》里面讲过：一个人先天而生的个性、后天一些注定要碰到的事情，还有他的家庭环境、父母的关系和教养、父母或是照顾他的人的性格（因为他也许是爷爷奶奶带大的），还有他所接受到的学校教育和整体大环境，所有这些因素“相乘”，就等于现在这个人的性格和价值观等。

比如我的儿子和女儿：我和孩子爸爸对他们很平等，没有特别偏爱哪一个；他们出生的时候，家里的环境也都没有太大差别；他们俩相差一岁半，所以没有一个出生的时候家里很穷，一个出生的时候家里很有钱；或者说一个出生的时候父母感情不好，一个出生的时候父母感情好。

我和孩子的爸爸前期婚姻都还蛮稳定的，所以他俩出生成长的环境、所受到的教育其实是一样的。可他们在个性、行为模式等各方面的表现，简直是南辕北辙，相差很大。

这就是我们所说的先天带来的个性，DNA 里就自带了，占了 60% 以上。

真正的教养，是父母垂范出来的

举例来说，我女儿天生就是一个不会去侵犯别人的人，个性特别好。即使在青少年时期，她也几乎没有跟我顶过嘴，也没有跟我大声说过话。

有一次，我跟一个朋友出去吃饭，她也带着自己的女儿，和我女儿同龄，当时我就看到朋友跟女儿说话小心翼翼的，好像生怕讲得重一点就得罪了女儿似的，而她的女儿也很不耐烦地回应。那位朋友还是一个单亲妈妈呢，和女儿的相处方式居然是这样的。

回来以后，我就特别赞赏我女儿，觉得我女儿真好，她从来没有跟我不耐烦地说过话，就算我把她逼急了，她就说“OK，OK，OK”，息事宁人的那种。可能她天生就是一个个性比较温和、比较会做人、处事圆融的人。

但我儿子就不一样，他脾气不好，常常控制不住自己的情绪，而且生气的时候讲出来的话挺伤人的。当他口出恶言时，我就不理他，跟他说：“你走开，我现在不想跟你说话。”于是他就走了。等他脾气消了以后，就会来向我道歉。这时我就跟他讲：“你有没有注意到你刚刚说的话？你对妈妈讲的那个话很伤人的。而你现在怎么对我，将来就会怎么对你的亲密伴侣，这样很不好的。”

之后，他经历了一段很短的亲密关系，破裂以后，他开始自我检讨。他还自己写下来，说在这个亲密关系破裂以后学到了什么：第一，不要太轻信别人，不要太快就陷入爱河，要多做考核；第二，在分手的时候，不要口出恶言，更不要打电话给她的家人或朋友去投诉抱怨；等等。他把这些都写下来，然后跟我分享。

我自己的亲密关系破裂之后，我也会跟孩子们聊我的想法。他们就很能理解，我为什么不能跟他们的爸爸继续相处下去。当然，我自己也会检讨反省，他们也能看得见，我这种行为也在潜移默化中影响了他们。

有一次，我碰到一个朋友，平常都是她在养家。她老公什么都不做，后来还在外面有了外遇，吵着要跟她离婚。虽然小孩当时才两三岁，朋友也没有坚持，就这样放手了。她是个医生，现在她前夫生病的时候，她还会帮他看病，有时候还跟前夫一起带着孩子出去吃饭。

我跟她说，你真是豁达，有修养。她幽幽地说："我也走过一段艰难的心路历程，刚开始同样不能接受，有很多怨言。可是过了那段时间，就放下了。"她接受了老公的背叛，接受老公找了一个样貌不如她、学历也不如她、赚钱能力也不如她，总之各方面都不如她的莫名其妙的女人，她接受了这个现实。虽然很不容易，但是她做到了。现在，她全心投入自己喜欢的工作，过得非常充实和快乐。

所以，我觉得一个真正有教养、有肚量的女人，最终是能够做到双赢局面的。

当然，一个真正有教养的人，还要能够回到自己的内心，检讨自己在婚姻破裂的问题中所要担负的责任。像我这个朋友，虽然很认真地工作，赚钱养家，但是，她没有花太多时间陪伴老公。她觉得要尊重对方的个人空间，所以给她老公很多的时间和空间，也没想太多。

从表面上看，她好像没有什么可以自责的。因为不太熟，我就没有再深入探讨她在自己的婚姻当中，当初是否做了什么或没做什么，才会导致婚姻的破裂。但是我会设想，如果是我遇到这种情况，我该怎样去做一个正向的应对，并在事后深刻检讨，怎样才能做得更好。同时，我也希望自己能够因此而变得更好，并把这个经验教给我的小孩。

做内心强大的小女人

我们可以试着容许事物有它自己一定的时间和空间。
慢慢你会发现，很多事情其实只要发个愿望，
轻松地去做你该做的事，就会水到渠成。

如何打破自己的男性能量惯性沟通方式 ◀◀◀

帮助我活出更多女性特质的，其实来自我的儿子，还有我以前的爱人。因为我发现，家里如果有一个很强势、很男性化能量的母亲，就会有一个非常懦弱的儿子。如果你嫌你的男人不够有男子气概，不像个男人，不能撑起这个家，那可能是因为你太强悍。

如果你真正爱你的男人，爱你的儿子，希望他们能够成长为一个真正的男人的话，你就必须学会在他们面前做一个小女人。当你向他们提出要求的时候，即使是同样的话，如果你处于一个小女人的位置，那种能量、气度和力道就会不一样，对方听起来的感觉也会不一样。

我们要不断地觉察自己，比方说，当我看到儿子的行为不对，我要依照往常的惯性去纠正、谴责他的时候，心里就会浮现："又来了，要注意哦！"这是一个很重要的觉察，需要在生活中不断地去操练。当我嘴上的利剑就要出来的时候，能不能在说出口之前的1/4秒的时间，停在那里，做一个转换，这是需要不断练习的。

人生的修炼，首先就是要打破惯性，并能够时时刻刻地觉察自己，在当下觉察自己。就像一个演员：我是一个演员，我在演我的角色，我在说这句台词之前，可不可以有1/4秒的时间停在这里，然后决定下一句台词怎么说，用什么能量说，用什么语速说，在什么状况之下说，这是我可以决定的。

如果你在生活中不断操练，你会发现总有一个阶段会发生改变，从不知不觉，到后知后觉，到当知当觉，到先知先觉。

我孩子小的时候，我常常骂他们，那时就是完全不知不觉的，我还骂得很得意，觉得小孩子就是要被骂的（浑然不觉我可能把他们当出气筒了）。

学习心灵成长以后，我知道了不能那样骂孩子，从此开始了很长时间的后知后觉的过程。

我们现在都知道小孩子需要多鼓励，不能用骂的；要温柔一点，不然就会把孩子变得很懦弱。我儿子天生就是比较懦弱的个性，如果我再用强势去压他，那他就更弱了。骂完孩子们以后的后知后觉，真的是挺痛苦的。

但是只要你坚持，愿意去觉察，这个过程就会慢慢演变成当知当觉——你正在掐着腰骂的时候，突然会意识到“不对！不能骂，应该要缓和一点跟他说，温柔一点跟他说”，这就是当知当觉。这样继续坚持操练下去，就会慢慢过渡到先知先觉——你那股气上来，正准备开口骂的时候停了下来，深吸一口气，换一种方式说。最后，我真的就能做到这样了。

如何发挥自己内在的女性特质

所谓男性能量，第一个就是有话直说，有错就改，事情要马上做，而且一定要黑白、是非、对错分明。

拥有男性能量的女性虽然非常能干，但是女人就是女人，一定要注意自己内在的女性特质。

我也是一个很能干的女人，比如我想要做成一件事的时候，我会用各种方式、各种手段，这条路不行走那条，折腾半天，最后终于搞定了。

开始修炼以后，我发现其实有一条更简单的路——我只要耐心地再等两天，事情就可以轻松地完成。可是我等不及，白花了好多力气。最后发现其实是因为我喜欢去展现自己的能力，事情如果太轻松就完成了，对我来说就没有挑战了。我喜欢花费很多力气、卷起袖子来、使出三头六臂的能力把事情搞定，这样才有成就感。这就是非常典型的男性能量，其实不见得对我好。

所以，如果你也看到自己在用男性的能量特质做事情的时候，可不可以退一步，停两天，把这个事情放在那里，让它慢慢去发酵，说不定过两天真的就会水到渠成了。

我们可以试着容许事物有它自己一定的时间和空间。慢慢你会发现，很多事情其实只要发个愿望，轻松地去做你该做的事，就会水到渠成，根本不需要我们拿出三头六臂的能量去奋战。这也是一种惯性行为模式，就像其他人生模式一样，当我们知道它不能再为我们服务了以后，就要下定决心去改变。

最美不过女人味

一个有魅力的女人，第一要件就是要真实、自然、不造作，
这是最好的化妆品和嫁妆。一个愿意袒露自己内心、
不需要伪装的女人，才能流露出真正的女人味。

像水一样，无坚不摧，但顺势随流 ◀◀◀

有些女人长得真的很漂亮，在工作上可能也很有能力，每次相亲的时候，给人家的第一印象非常好，但是只要跟男人深入接触两三次，人家就没兴趣了。有时候，这是因为女人过分强势。

真正内心强大的女人，其实是像水一样，无坚不摧，但顺势随流，让人很舒服。那些什么都要人家听她的，嘴皮上耍功夫讨输赢的女人，其实内心是最脆弱、最没有安全感的女人。

这样的女人真的要去好好面对自己，看到自己的控制欲和不安全感，愿意在自己温柔的回观、陪伴下，慢慢放手让事情自然去发展，让别人自由地去做他自己，不要试图用控制人、事、物的手段，来慰藉自己内在的惊恐和不安。

还有一种女人完全不解风情、语言无趣，容易让男人打退堂鼓。根据我的观察，这样的女人都是非常虚假而且内心封闭的人。她们对自己太没有自信（即使自己很美丽、很能干），害怕说出自己内心的真实想法，于是找了一个理想面具往脸上一戴，就再也拿不下来了。她们在和人交谈和沟通时，都隔着面具，让人有一种不真实的感觉。久而久之，她们和自己的内心更加隔阂、疏远，所以越来越无趣。

真实、自然、不造作

一个有魅力的女人，第一要件就是要真实、自然、不造作，这是最好的化妆品和嫁妆。一个愿意袒露自己内心、不需要伪装的女人，才能流露出真正的女人味。否则，再好的化妆品和美丽的服饰，也会像廉价香水一样令人难以忍受。

太多女人不敢做真实的自己，因为她们认为真实的自己会没有人爱，没有人接受。这是来自童年的诅咒：父母无法爱我们本来的样子，因此我们必须假装不是自己，活出他们想要的样子来屈从他们，才能得到摇尾乞怜之后的认同和爱。现在我们长大了，不需要父母和他人的认同也可以活得下去，所以，可以试着不让这种错误的行为模式来继续左右我们了。

活出真实的自己需要付出一定的代价。你必须首先爱自己，做自己最好的朋友、情人，愿意冒风险去说实话、做自己真心想做的事，而不需要戴一个假面具。这样做虽然有一定的困难，但是我相信，如果你有这样的意愿，并朝着这个方向前进，就会逐渐摘下你的面具，从而活得越来越真实。

可以做狠事，
但不能说狠话

任何时候，我们都不要说强势的话，不要说狠话。
当需要为自己划定界限的时候，就用行动表示出来。
换句话说，要忍得住一时之气，然后还是去做你喜欢做的事。

以前，我在受到情伤的时候，去请教过我的一位朋友。不是因为他修行有多好，或者是什么大师，他就是一位普通人，但他在某些方面情商特别高。

这位朋友教我：在亲密关系中只能做狠事，但不能说狠话。我觉得这简直戳中了我天生的一个命门啊！平时，大家都知道我很会说话，嘴巴厉害，情绪上来的时候，往往会对一件事情毫不留情地加以评判，尤其是当一个人做错事的时候或是他的一些不好的心态，我总是可以一针见血地把它描述出来，或者攻击对方，现在想起来，其实这是非常非常不好的习惯。

当跟亲密伴侣发生龃龉或冲突的时候，我虽然会说一些不适当的狠话，可实际上我是说到做不到的。对方一看就知道你只是个纸老虎，知道你是个只会说狠话，却不会做狠事的人，所以他绝对不会去改变自己，而且还会变本加厉地去纵容自己的本性，最后闹得两个人势必要走上分手的道路。这是我在亲密关系中一再受到挫折之后，痛定思痛检讨出来的。

其实在亲密关系中，我一点都不强势。无论是生活层面还是两个人的互动层面，我都有很大的让步空间。比如，要去哪里度假啊，去什么餐馆吃啊，什么时候出发啊，去多少天啊，这些我通常都会跟对方有商有量，互相尊重。而且大部分时间，我都会顺从对方的要求，自己并没有很强烈的意见和主张。但是因为我平常说话的时候就是会不由自主地强势起来，所以会让别人以为我是一个强势的女人。所以，我需要学习的就是不要强势地去说话。

记得以前有一个朋友，跟她在一起的时候，因为她睡眠不好，所以我们一起出去旅游的时候，都是尽量睡两张床，这样我翻身的时候就不会打扰到她。我们有时候去那种比较好的民宿，真的只有一张大床，没有办法分床睡，我就会跟民宿的老板说："可不可以给我一张床垫，我睡在地上。"

很多人可能会觉得我这样很委屈，可我自己并不觉得，因为我那个朋友个子高大，那么大的床，当然给她睡，而那个床垫比较小，当然是由我来睡，而且我并不在乎睡在地上。

我常常说，我这个人就是别人跟我在一起相处十分钟，就把我所有的缺点都看完了，可是我还有很多优点，需要别人慢慢去发掘。像我这样的人真的就比较吃亏，因为很多人看到你说话比较强势，就会有点害怕，不想跟你深交。即使是朋友，或是亲密伴侣，他们也会因此常常觉得受伤。但实际上我为他们付出得非常多，也非常包容他们，但是就因为嘴巴厉害，吃了很多亏。

一路走到今天，我想跟大家分享的就是，任何时候，我们都不要说强势的话，不要说狠话。当需要为自己划定界限的时候，就用行动表示出来。换句话说，要忍得住一时之气，然后还是去做你喜欢做的事。

比如，如果你觉得每个周末都要跟老公回去看公公婆婆是一件令你非常抓狂、挫败的事情，可是你又不便直接说不去，这个时候你就可以试着轻松地跟老公说："我这个周末要跟闺密出去玩儿，所以没有办法回去看爸妈了，你代我问他们好，下周我们再一起回去看他们。"可能你老公一开始会暴怒，可能公公婆婆也都会不高兴，甚至下次回去的时候还会给你脸色看，让你好害怕。但你就是一直安安心心地坚持做自己，如果你老公暴怒骂你的时候，你就走开不理他，不要觉得理亏；下一次回公婆家的时候，他们如果给你脸色看，你也安安心心地做自己，不去看他们的脸色。然后再下一周，还是不回去，就这样让他们知道，这是你的权利，你没有必要把自己的每个周末都花在陪伴他们这件事上面。

但是，如果你觉得自己没有什么朋友，每个周末都好期待回去陪公婆，这个时候你当然可以听老公的话了。但如果说你不想去，内心有抵触，那我就建议你心安理得地做自己想做的事，因为，只有心安理得地做自己，让自己快乐的时候，你才能给周围的人显露出最好的自己，成为他们最好的陪伴。

我希望大家都能够在自己的心里找到那片乐土，心安理得地做自己。

善良的你，如何让对方不设防

我们需要在生活中带着意愿去观察、理解对方，并且有觉知、有意识地去满足他的内在需求。

同理对方的感受就好

很多夫妻、伴侣，终其一生都未能走入对方的内心。当然，一个极其敞开、愿意分享自己内心世界的人也是不多见的。因为当我们还是天真无邪、完全不设防的孩子的时候，就开始被其他人不断地伤害，最终让我们每个人都发展出了一套自己的防御机制，让我们的内在形成了一个被压抑的、任性的、自私的孩子。平常，我们装模作样，假装自己是个大人，为人处世有章法、有条理、有理性；可是一旦情绪爆发，这个孩子就会跳出来，肆无忌惮地搞破坏、任性吵闹、自以为是，留下一堆烂摊子，让成年的我们在羞愧和自责（也可能是自圆其说）的情绪中收拾残局。

所以，想要走进一个人的内心，最重要的就是要能够接纳他的这个内在小孩。尤其是当他开始跟你分享一些心事的时候，你的态度是什么。是指责（批判），嘲笑，还是不在意？还有一种最糟糕的反应方式，就是给出建议，提出解决方案，让对方反而有下不了台的感受。

其实，最好的态度就是以非常理解的方式去倾听，什么都不用说，只要同理对方的感受就好。同理的表达其实很简单，有的时候你只要重复对方说的话就可以了。当然，适当的时候你也可以这样说，“哦，那样真的很残忍”，或是“哦，那样真的挺令人难过的”“哦，这样啊，难怪让人不舒服”。你不用去加重他的感受，或是为他的情绪命名，除非他自己说出来了，否则他可能会立刻采取防御机制，说：“哦，没有啊，我不难过。”“没什么不舒服，不就这样吗？”

对自己和对方绝对诚实

另外一种走进别人心里的方式，就是对自己和对方绝对诚实，而诚实是会传染和影响的。如果你能够打开自己的心，分享自己最脆弱、最真实的一面，对方也就能够如此回应。这个就要靠自己修炼的功夫了。你是否愿意面对自己内在那个不堪的、黑暗的、脆弱的、无助的、卑鄙的、忌妒的、自私的小孩？他只是你的一个面向，你越是愿意去承认他、拥抱他，并且在你的心里给他一个合法的位置，就越能够消融他的力量，不让他做你的主人。给他一个合法的位置，意味着每当他出现的时候，你能够如实地观照他，不去批判、否认，而就只是以中立的立场看着他。

另外，不要只是满足对方的外在需求，那是最容易被取代的。要能够知道对方的喜好，并且投其所好，这是很重要的。所以，我们需要在生活中带着意愿去观察、理解对方，并且有觉知、有意识地去满足他的内在需求。

一般来说，每个人的内在需求就是被理解、被接纳、被认可，尤其是在他做错事的时候，如果能够获得宽容和原谅，那对方的感激就不是用言语可以来形容的。

比如有一次，我推荐以前的爱人去上一个灵性课程，他中途上不下去，就离开了。回来之后，他觉得很难对我交代，在述说他为何要离开的时候，我感受到了他的羞愧感。我告诉他：“没有关系啊，这种事情不能勉强的，上不下去就算了，没关系的。”我可以感受到他的释怀，本来他觉得心口很堵，不知道如何交代，我的理解让他立刻就放松下来了。当然，这个前提是，我不是想要借由让他上课来改变他，我没有这样的目的。另外，我也不在乎别人说：“哦，德芬姐的爱人上灵性课上一半就走了。”我不觉得这有啥丢脸的。也就是说，如果你把自己的一些需求、面子、目的等，加在你爱的人身上，那么你要的东西就会比他的感受来得重要。这样的话，抱歉，你是走不进他心里的。

有内涵的人一定吃过苦，
但吃过苦的人不一定有内涵

所有的艰苦考验，都只是为了要我更加自由。
但吃过苦的人不一定有内涵，也不一定能够成长、成熟。
这主要是看你受苦之后，是否能向内看，把自己看清楚了，
修正自己而不是外境。

一次长途旅行后，我回到了台北，也不知道为什么和初中时唯一还在联络的好友约了第二天吃饭。

她是我当年班上唯一比较亲近的朋友，因为我年幼时的那种傲慢嚣张是非常惹人讨厌的，自己都没有觉知。而她的个性比较软弱，在强势的妈妈面

前极其讨好以求得生存，所以当时跟我可以交朋友。但是这两年她终于醒悟了，开始拒绝强势母亲的控制和剥削，春节也不回家、不打电话，这是一个长期被压迫的孩子的正常反应。

不过，这次一坐下来，她就开始抱怨和邻居的纠纷，都是在我眼中看来毫无意义、层次很低的负面东西。我试着告诉她，她对邻居太太的感觉，其实是对母亲感受的延伸，因此现在主要还是要修复和母亲的关系。但是她听不进去，又开始抱怨她弟弟，负面能量之强，开始让我很不舒服。我当时觉得：我大老远从印度回来，跟你开开心心地吃顿饭，为什么要当你的垃圾桶？我跟她说了自己的感受，她大概是正在气头上，无处可发，就翻脸了。从小时候开始的旧账，到我嫌弃她迟到，又嘲笑她是豪门怨妇，一直怨气冲天地骂我。

要是以前，我真的早就翻脸走人了，何况是这种负面东西，我才不接受呢！你看，我那时的想法都充满灵性的傲慢，没有慈悲心。但是我没有发作，只是好言好语地和她解释。然而，她就像一个不讲理的泼妇，连一句稍稍不太正面的如实反馈（我说她没有时间观念，因为每次都迟到）她都非常生气，无法接受。当然，她更不能接受我说她是豪门怨妇（日子过得非常好，却一点都不快乐，怨气冲天）。我忍着气，坐在那里看着她，接受她的辱骂，看着自己小我的挫败和萎缩，不求赢，只是承受。

我当时心里其实是想用这个经验来为自己未来的亲密关系练手铺路的，

哈哈。如果能接受在争执中不求赢，只让对方出了怨气，然后慢慢和解，我期望未来我的亲密关系能不再痛苦。最后，她骂够了，终于冷静下来，还是很珍惜我这个朋友，虽然没有道歉，但是她的态度就是希望和我继续做朋友，我也欣然同意。

不过回到家，我便开始检讨自己。她骂我的话，其实很多不无道理。平常没有人会对我说这些难听的真话，所以即使她在气头上说的也很可能是真的。我身上真的是隐约有一股傲慢气、优越感，平常一般人可能不会感觉得出来。但是，像她这样自卑、一直被踩在母亲脚下，现在好不容易要翻身抗争的人，我每一句话、每一个眼神，对她来说都是嘲弄和轻蔑。

我于是打电话给我北京的闺密，问她我有没有这个问题。她认识我 20 年了，也是一个个性非常柔软的人，不知道是不是受了我 20 年的气。我想了想有点羞愧，就真诚地跟她道歉。但是她说她并没有这样的感觉，不觉得我有像我同学说的那种“高高在上，把她踩在脚底下的轻蔑”。从这点可以看得出来，我同学因为母亲这样对待她，她不自觉地把这些感受投射到了邻居、好友、同学的身上。

北京的闺密因为不自卑，所以她不会感受到这个。不过，趁我态度良好跟她道歉的时候，她还是说了一些我让她不舒服的感受。她很敏感我因为对她付出太多，有时候会有一些“你应该帮我做这些”的嘴脸。我想也是。不过，对闺密来说，这也是她小时候的议题，真的非常有意思。

结论就是，每个人的烦恼和看事情的角度，真的都和小时候种下的印记、养成的模式有关。不过，这个并不能让我们推卸责任，说因为这是你的问题，所以我没问题，不需要做检讨和改变。因为，我身上一定有让她们不舒服的特质，才会勾起她们小时候的痛，这是毋庸置疑的。像我们这种年纪的人，身边往往很少人会说真话了。即使你的亲密伴侣，有时也会因为不想冒着与你起冲突的危险，而选择不说。或者说，你的伴侣早已经死心了，知道说了你也听不进去，只好装聋作哑地忍受着。

所以，把和朋友、爱人之间吵架的内容拿出来好好检讨自己，其实也是一个修行的好捷径。否则，无论你修到什么境界，上了多少课，拜了多少大师，如果你没有勇气好好面对自己内在被其他人勾出来的阴影的话，都不算是真正的修行、成长。

而当我深入检讨、忏悔了以后，觉得心里有一块坚硬的地方松动了，情绪上感到久违的轻松，慈悲心、包容度也都更加见长。

我很感谢老天一路的指引，让我能够不断地成长，而没有舒服过了头。所有的艰苦考验，都只是为了要我更加自由。

最后，和大家分享一段话，作为本文的结尾：

有内涵的人一定吃过苦，但吃过苦的人不一定有内涵，也不一定能够成长、成熟。这主要是看你受苦之后，是否能向内看，把自己看清楚了，修正自己而不是外境。

中篇▲

爱得刚刚好

爱之慧

真正的爱，就是不以负面情绪回应所有的人、事、物。
如果你看到自己的怨憎心又升起了，
看到自己又在以负面的方式解读别人的行为，
那就要如实地去看见、接纳。

请别把存在感和安全感都刷在你爱的人身上

真正的爱，是永远都把自己放在第一位——

我自己先舒服了，我才有资格说我爱你。

现在有一种观点：所谓的爱，其实也是一种依赖。说这话的人会觉得在这个世界上，其他人都让自己没有安全感，于是就会把自己所有的存在感和安全感都刷在一个人身上。

现实生活中，我看到很多女人都是这样：把她们的安全感和存在感刷在父母或者孩子身上，所以，即使父母很老了，身体不行了，甚至自己都60多岁了，还是要抓着父母不放。有些人是拿孩子来刷存在感，给孩子很多压力，希望他们有所成就，因此就会逼着他们去学奥数，上各种培训班，让孩子学得十八般武艺样样精通，一定要考上重点学校，等等。

我之前亲密关系出问题，其实也是刷存在感的问题。我在亲密关系中寻求小时候没有被父母满足的情感需求，但是这些需求其实应该在生命成长的过程中，用其他更多、更好的方式来满足，而不应该一股脑儿全推到亲密关系当中。

有些人一旦投入自己的事业当中，或是投入自己的兴趣当中，没有感情生活照样过得很滋润，因为他们的情绪波动和情感需求不是来自亲密关系的另一半。比如说有些画家，当他投入自己的创作中时，会觉得有没有感情依靠是无所谓的。但我就是特别会把我的情绪需求放在另一半身上的那种人，所以才会在亲密关系上出那么大的问题。

我们美其名曰爱别人，其实是一种掌控，以及缺乏安全感的抓取。很多时候，因为我们自己不会找奶吃，所以需要别人喂。而喂的那个人就很倒霉了，可是我们却美其名曰爱——因为我爱他，所以我无论如何不能失去他，所以他要怎样怎样；而且我为他付出了那么多，所以他应该怎样怎样……

其实，这都不是真正的爱。真正的爱，是永远都把自己放在第一位——我自己先舒服了，我才有资格说我爱你；否则我自己都不快乐，却说“我希望你让我快乐，我希望你怎么样……”这样的爱就成了索取，而不是真正的爱了。

亲密关系
是人生最好的修行道场

当我们能够找到自己内在的那份爱，
就不会不断地想通过亲密关系来疗愈内在的伤痛。
那对双方来讲，都是一种折磨。

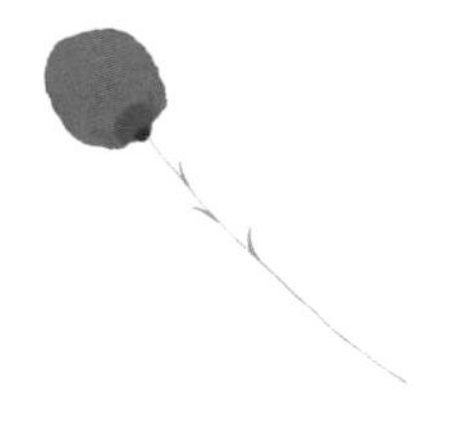

你跟父母的关系，可以检验出你这个人成熟与否；而你跟亲密爱人之间的关系，可以检验出你这个人到底有多爱自己，有多了解自己。因为你的爱人就是一面镜子，映照着你最不想看见自己的那个部分。

为什么恋爱开始的时候很甜蜜？因为很新鲜，你在他身上看到的全部是美好的东西，他在你身上看到的也都是美好的东西，所以两个人一起在那儿做美梦。可是渐渐地，当两个人熟悉以后，事情就往相反方向走了。以前是黄金投射，把最美好的幻想放在对方身上；接下来是阴影投射，把自己不想看到的东西或者不喜欢的东西投射在对方身上，并且扩大好几倍。这个时候，就是最佳的修行时刻了。所以说，亲密关系是最好的修行道场。

每个人都很不容易走过这一关。我常常听太太们说，我成长了，我修了，他还在那里做他的大老爷，他还是在那里做他自己，我该怎么办？

说这话的人，其实你没有真正接纳他，你没有真正回到自己身上。我的建议很简单，把你对对方的关注和期望全部都收回来，关注你自己。

你对他的很多期望，其实对他来说是不公平的。因为通往坟墓的道路是由期望铺成的，有期望就会有失望。然后，你就会指责他："你明明可以这样做，为什么不这样做，你为什么要这样对待我？"因为你对他有期望。

怎样收回期望呢？你要真真切切地认识到，所有的问题在于我们自己的内在。我之所以对他有这样的期望，是因为我内在还缺乏一份稳定的爱，小时候父母没有给我，现在只有我自己才是唯一可以给自己这份爱的人。

和爱人分手以后，我跟我自己内在的伤痛，那种被抛弃、被背叛、被无视、孤独、伤感的感受待在一起。我一个人在房间里，蜷曲在床上，变成婴儿的状态，这样抱着自己。我开始不自觉地叫着一个人的名字，当然不是他的，我叫的是妈妈，"妈妈，妈妈……"我心里可能还是觉得妈妈没有以我想要的方式爱我，我有欠缺，我想在爱人身上来弥补我的遗憾，这对他是不公平的。

我母亲现在年纪已经很大了，她很爱我。如果我叫她，她一定会抱着我，可是那种感觉现在没有办法弥补了。唯一可以弥补的，唯一可以给我想要的那份爱的人是我自己。在那个当下，我不再逃避，不再大吃一顿，不再血拼，不再打电话给闺密哭诉。我就留在那个伤痛里面，像母亲那样全然接纳和爱那个“小女孩”，抱着她说：“德芬，我在这里陪伴你。”

当我们能够找到自己内在的那份爱，就不会不断地想通过亲密关系来疗愈内在的伤痛。那对双方来讲，都是一种折磨。

真爱如何测量

真正的爱，就是不以负面情绪回应所有的人、事、物。
如果你看到自己的怨憎心又升起了，
看到自己又在以负面的方式解读别人的行为，
那就要如实地去看见、接纳。

爱一个人，如何知道他的人品底线

“一念之转”的拜伦·凯蒂老师在《喜悦无处不在》这本书中讲过一个故事。

她去医院探望一位癌症末期的好朋友，朋友很感动，跟她说：“凯蒂，我爱你。”凯蒂说，她知道这位朋友非常勇敢，是勇于面对真相的人，于是她摇摇头，跟她的朋友说出了真相：“你无法爱我，亲爱的。除非你爱你的癌症，否则你无法爱我。”

确实，当我们无法去爱所有的人、事、物时，我们不能说我们可以真正地爱任何人。

这个观念非常有挑战性，我刚听到的时候也是无法接受。不过后来经过我在生活中的观察，以及对人性的探索和理解，我发现它的确闪耀着真理。就像《当下的力量》的作者埃克哈特·托利说的：我们如果瞧不起一个清洁工，对他没有敬意，那么当那位董事长失势时，我们对他的脸色可能也会改变。

我为什么建议大家在谈朋友的时候，应该多去看看对方是如何对待他的前任的？如果他的前任对他非常有意见，甚至再也不愿意相见，而他讲起前任也是不屑的、负面的，你千万不要傲慢地以为，这是因为他的前任不够好，人不善良，他不够爱他的前任，所以才会这样对她；而因为你够好，够善良，对他特别好，他也比较爱你，就会对你态度不同。这实在是痴人说梦。

当你们有冲突的时候，当你损害到他的利益的时候，你再去看看他的嘴脸，一定和他对待前任的方式如出一辙。

一个人的处事方法、对人的态度，是非常难以改变的。除非他在修行，有觉知，看到了自己的问题，并愿意改变。否则，他最终的本性如何，在关键时刻都会显露出来。

也许你们之间有一些既得利益的关系，比如他真的特别喜欢你、有孩子、有事业牵连、你对他未来“有用”、曾经有恩……但我想说的是，不要对一个人的改变存有妄想。看清楚他对他不喜欢的、没有帮助的甚至损害他利益的人的态度，你就知道这个人的人品底线在哪里。

真正的爱，
就是不带负面性地去回应所有的人、事、物

我曾经在微博上说过一句话：真正的爱，就是不带负面性地去回应所有的人、事、物。比方说得了癌症，一个真正有爱的人，不会去批判这个病症，只会看看这其中蕴藏的礼物和功课是什么。该做化疗就做化疗，该做手术就做手术，该吃保健品就吃保健品，完全不耽误。

从上面这个标准来看，我们几乎所有人都没有能力真正去爱。我正在朝这个方向努力，因为我知道，如果我对一个冒犯我的人、损害我利益的人不能存有中立态度的话，总有一天我对我爱的人也是一样，我无法真正无条件地去爱一个人，而我希望自己成为一个真正有爱的人。所以，就从自己生命中碰到的讨厌鬼或是“怨憎会”的人来练手吧！

我常常看我微博里面那些骂我的人（其实骂我的人够少了，而且每次一有人骂我，就有其他网友出来回应并维护我），这是我修行的方法之一：看到攻击或是让我觉得不顺耳、不舒服的话语时，我是否能够心平气和，并且给对方祝福。

曾经，我每次受到伤害时都用攻击的方式去回应。在亲密关系惨败以后，

我知道我必须好好修正这个习惯了。

真正的爱，就是不以负面情绪回应所有的人、事、物。如果你看到自己的怨憎心又升起了，看到自己又在以负面的方式解读别人的行为，那就要如实地去看见、接纳。只要这样保持虚心，相信我们生活中的很多冲突和纠结都能够化解。

谦卑为你所带来的快乐，是超过你能想象的。

亲密关系的杀手锏

最好的亲密关系就是，对方原来是什么样子，
就让他是什么样子，除非他自己愿意改变。
而跟你在一起的时候，你俩重叠的这个时间段，
彼此都是开心的就好了。

不要以控制对方的行为来取悦自己

曾经，我跟前男友等一帮朋友去大理，本来在一个桌上吃饭，但他却跑到另外一桌和一群男人抽烟去了。他平常是不抽烟的，而且我也很不喜欢他抽烟。当他回到这边桌上以后，我就特别生气，当着很多人的面骂他，质问他为什么要抽烟。

当时他很不高兴，却没有跟我吵，而我也就心安理得地当这件事就这样过去了。现在我再想起这件事情时，觉得我欠他一个道歉，我当时不应该那样对他，那是不正确的做法，可是我却纵容了自己那么做。

现在想起来，那种做法严重侵犯了他的界限。后来他跟我说，他就是应酬，因为觉得跟一群男人在一起抽烟才像个男人，不想让自己显得那么有洁癖的样子。

其实我也能理解，可当时我就觉得：你怎么可以没有经过我的允许就跑去抽烟？我就觉得我们之间太亲密了，会忍不住跨越界限去控制他，用控制他的行为来取悦我自己，这是很不对的。

类似这样的在亲密关系里用“控制对方的行为来取悦自己”的做法，是对亲密关系绝对的打击。由此我就想，人生需要修行很多东西，从不知不觉修到后知后觉，修到当知当觉，再到先知先觉。可是很多时候，许多隐藏在深处、特别细微的问题我们看不见，只能把可以看到的先修掉。

所以荣格才会说：在潜意识里头，你没有觉知到的东西都会成为你的命运。就是说如果你随着自己的性子，随着自己的习惯模式去做事，没有觉知到更好的做法的话，就没办法改变自己的命运。

尊重彼此的界限

很多男人是非常需要自己的时间和空间，需要独处的。但是以前我比较任性，会不自觉地去侵犯对方的界限。因为我觉得亲密关系就是一体的，当我想要联结时，他就应该在那里。如果他心情不好，无法与我联结，我会感受到不被爱、被抛弃，那是我最害怕的感受，所以我会去侵犯他的界限，要他提供我想要的东西给我。虽然很多事都不是大事，但是一件一件细小的事，最后聚沙成塔，导致我们的关系到了无可挽回的地步。

就像我不懂挤牙膏这件事为什么会让有些夫妻闹到离婚：有些人挤牙膏时要从底部开始往上挤，觉得是为了方便下一个用牙膏的人；但是另外一个人也许很随意，每次用的时候就从上面开始挤。于是习惯从下面挤牙膏的人就想：我每天都要从下面挤，方便你使用，你为什么从来就不替我想一下？这样一想，问题就延伸到很多别的方面了，矛盾就扩大了。

我觉得这个问题可以很好地解决：一人一条牙膏不就好了嘛，你按照你的方式挤，他按照他的方式挤，这有什么大不了，需要离婚吗？

其实在婚姻当中，导致双方不欢而散的，大部分都是小事，只要有一定的觉知和智慧，就都能够解决。有些人不见得有很棒的觉知和智慧，可是他们能“忍”。君不见，多少后来幸福美满的婚姻，都是双方“忍”出来的。尊重彼此的界限，尊重彼此的生活习惯和每一个人性格的差异，就能够化险为夷，渡过难关。

而我也看到在很多亲密关系里面，双方由于过于亲密，纠缠太深，以至于一起出去吃东西的时候，对方点什么菜都要受到干涉，这真的是侵犯界限太过了。最好就是，对方原来是什么样子，就让他是什么样子，除非他自己愿意改变。而跟你在一起的时候，你俩重叠的这个时间段，彼此都是开心的就好了。这种尊重对方原有生活方式的相处，才是长长久久的保证。

有拯救者情结的女人
会遇到什么样的男人

这样的男人有一个共同特征：他可能会在某方面有瘾，
如酒瘾或是毒瘾之类，又或是他容易沉浸在负面情绪里……
总的来说，他一定有一些无法自拔的不良习惯，等待着被拯救。

我看过一本书，叫作《爱得太多的女人》，里面讲到爱得太多的女人的一些特征，我觉得跟自己非常相符：在亲密关系里，老觉得自己可以拯救对方，觉得对方这一生的潜能没有发挥出来，没有好好地被爱过，也没有好好地被对待过，所以我会倾注全部心力去为他付出，去爱他，拯救他，为他带来更

好的生活，激发他所有的潜能。

如我这般看起来好像比较有资源和能力的女人，总有些自以为是，觉得可以成为对方生命中一个很大的加分项。

事实上，有拯救者情结认知模式的女人，通常就会碰到一个比较会吸取她能量的男人。这样的男人有一个共同特征：他可能会在某方面有瘾，如酒瘾或是毒瘾之类，又或是他容易沉浸在负面情绪里……总的来说，他一定有一些无法自拔的不良习惯，等待着被拯救。

这样的男人习惯负向思考，然后又比较自卑，内耗非常厉害，并且还喜欢自己跟自己过不去。这样的男人一旦碰上一个愿意当拯救者的女人，他肯定还会进一步纵容自己变成一个更无力的受害者，然后两个人就会形成一种共依存关系。比如说，我们常常看到有些有酒瘾的人，身边总会有一个不离不弃的女人；而且那个女人还总觉得这个酒鬼没有她就不能活，她可以改变这个酒鬼的人生。她从这个酒鬼身上汲取了身份感和重要性，与对方在一起是各取所需。发展到后来，两人就会形成长期的共依存关系。

《爱得太多的女人》这本书里讲，如果一个人和你在一起之前就处于抑郁中，那么和你在一起之后，他就算能暂时从抑郁中走出来，但因为成年人的生命模式和轨迹都已经固定成型了，虽然你的出现表面上好像是给他的生命带来了阳光，让他的生活有了转机，但没多久，他又会重新在你的身上找到抑郁的理由，于是他又会再度抑郁。

也就是说，如果他当初的抑郁是由别的原因造成的，那么以后他也会因为你的某种言行，又开始陷入抑郁这种类似于上瘾的行为中。其实，酒瘾、毒瘾难以戒断都是同样的道理。

在亲密关系里，爱得太多的女人往往都会陷入一种行为模式：不断地去付出，想要拯救对方，觉得自己可以为对方的生命带来不一样的转变，到最后把自己弄得精疲力竭，才发现对方竟然还是不能改变，然后就想要打退堂鼓了。但两人共依存的关系已成型，拯救者情结会让女人一次又一次地抱有希望，重新投入，最终成为一个恶性循环。

我发现，真的是有很多女人，包括我，爱得实在太多、付出也太多，实际上就是借由付出爱来换取自己的存在感。

爱一个人很深，
其实跟对方无关

有拯救者情结的人容易被那些需要关爱的人吸引，
对他们的痛苦感同身受，
并且热衷于寻求缓解他们的痛苦的方法，
以此来使自己的痛苦减轻。

屡次在亲密关系中受挫之后，我现在知道，爱一个人那么深，其实背后都是有一些原因的。那些原因出于自己，与对方无关。

就像我，为什么在亲密关系中会爱得那么深？这源于我小时候一直想拯救我的母亲：小时候看到母亲过得很悲苦，我就想尽我一切的能力去拯救

她——书读得很好，成绩考得很好，尽量在参加的所有竞赛中都拿第一名……

我不断地想通过这种方式去讨好母亲，做一个乖小孩让她快乐，可是，母亲始终没能快乐。

随着我慢慢长大，离开家庭，这个任务仍然没有完成。可是，驱使我去完成这个任务的能量、动力还在，所以我会不自觉地想找一个如我母亲一样的人去拯救他。

然而这种拯救任务注定是要失败的，拯救不成，就会把自己变成受害者：我付出了那么多，对方怎能这样伤害我？成为受害者后，我又会转而去迫害那个所谓害我的人，然后两个人的关系就开始恶化，并形成恶性循环，最后就相处不下去了。

《爱得太多的女人》中说：

> 有拯救者情结的人容易被那些需要关爱的人吸引，对他们的痛苦感同身受，并且热衷于寻求缓解他们的痛苦的方法，以此来使自己的痛苦减轻。
>
> 如果我们明白自己之所以被这样的人吸引，根本原因是自己希望得到爱和帮助，那也就不难理解为什么最吸引我们的是那些最需要关爱的男人了。
>
> 因为这种有拯救者情结的人，一直都无法把自己的父亲或母亲变成自己所渴望的、关爱自己的人，于是就会对自己很熟悉的那种不付出感

情的男人，在内心深处做出响应，因为他能让你一偿当年无法通过自己的爱来改变父母的夙愿。所以长大后，表现出来的就是想要通过自己的爱和付出来改变一个男人的执念。

我觉得这也算是一种上瘾症吧，比较病态的一种。

如果我们能够带着觉知，知道自己是这种具有拯救者情结的人，清楚又小心地走入一段关系，那么可能还是有转机的。而在关系中，当你拯救者情结“发作”的时候，一定要能够适时地阻止自己，提醒自己“爱到极致是放手”，随他去吧！

如何爱自己

爱自己其实就是一种把正向能量倒回自己身上的做法。
你越是抗拒和排斥某一种能量，
那种能量就越会因为你施加的力量，变得更加强大和顽固。

我们每个人都知道要爱自己，那究竟该如何爱自己呢？真正爱自己的方法是什么呢？我把它很具体地分为三个层面：

1. 和自己的思想相处。

2. 和自己的情绪相处。

3. 和自己的身体有所联结，爱自己的身体。

这三点没有先后顺序，都是非常重要的。

倾听
身体的声音

在这三项当中，最好操作的就是关爱自己的身体。我们跟自己的身体到底有多少联结？你的身体每天有没有在动，你吃的东西是否健康，吃得多还是少，你的身体得到了多少锻炼、得到多少休息，你每天有没有听自己的身体在和你说些什么，我觉得这些都是非常重要的。

我们真的要学会倾听自己身体的声音，我看过一些习惯吃水果的人，几乎可以长命百岁。我有个朋友的爷爷就喜欢吃水果，现在 100 岁了，还可以走路，头脑也还算清楚。但是水果对于有些人的体质来说就过于寒凉，比如中医就叫我不要吃水果，我也觉得自己不适合吃太凉的水果。

跟自己的身体联结、真正爱自己的一个方式，就是在你的生活中每时每刻，能够去感受一下你的身体是什么样的状态，这很重要。如果你能够随时随地感受自己的身体，感受身体的振动频率，那就说明你是和自己有所联结的，你跟自己的内在也是有所联结的。

我们常说要活在当下，其实和自己的身体联结就是活在当下。你此刻就可以试试看，当你闭上眼睛的时候，能不能感受到自己的左脚在哪里？它此刻的感受又是什么？这就是回到自己内在的一种方式。

我们经常说爱别人之前要先爱自己，可是如果你不能回到自己的内心，不能跟自己的身体联结，总是希望得到他人的赞赏，把眼光投向外，去要、去索取，你就得看别人的脸色过日子，无法归于自己的中心。

呵护
内在的情绪

第二个爱自己的层面是关于我们的情绪，情绪就像一个小孩子一样，需要我们的认可与面对。

情绪需要我们去看到它，承认此刻我的情绪很沮丧，当下的我觉得很愧疚，现在的我觉得很自责。

根据能量守恒定律，情绪会来，它也会走，所有的东西都是来来去去的。比如，五年前非常困扰你的事情，现在还会困扰你吗？人生有很多事都是在不断变化的，但是我们人都有一个很重要的特性，也是让我们受苦的特性——“趋乐避苦”。每个人都想要快乐，每个人都不想要痛苦，所以一碰到痛苦，就像手碰到火一样，“哇”地跳起来，大喊救命，说自己一定要快乐，自己不能待在痛苦的状态下，等等。

有时候，我们需要体验痛苦这种状态，允许自己在这样的状态当中，带着一颗谦卑臣服的心，不用任何花招和取巧的方式去面对情绪，就在这个情绪之中去接受它，试试看，你的感受会不会改变。

爱自己其实就是一种把正向能量倒回自己身上的做法。你越是抗拒和排斥某一种能量，那种能量就越会因为你施加的力量，变得更加强大和顽固。面对这些情绪时，我们要学会能够和它安然相处，那就是接纳它，允许它燃烧我们。

我们真的不能太忽视自己的情绪，我们要去包容我们的情绪，就像包容我们爱的人一样。如果我们不包容它，就很有可能会被情绪影响，从而做出一些不理性的事情。

爱自己不是拒绝别人的所有要求，不是不去感受任何情绪。爱自己是为自己划好界限，不让别人侵犯，与此同时，我愿意和自己内在不舒服的感觉在一起，把这种情绪当作自己的孩子一样去接纳和包容。

当你学会和自己不喜欢的情绪相处之后，你的人生会更加自在，更容易做一个快乐、自信的人，这才是真正地爱自己。

学会觉察自己不良的思维模式

还有一个爱自己的方式，就是去觉察自己的思维。当你能够回到自己的身体之后，当不好的情绪来临之时，你要学会退后一步，去检视这个情绪和思想。我们从小到大形成的情绪模式，会不由自主地把别人的行为和一些事情，用自己的思维模式去诠释。而这种诠释，只会带来更多我们不喜欢的负面情绪。

比方说，一个人是怕打扰你而不来找你，可是你可能会诠释为“他不想念我，他不在乎我，所以他不来看我”。

很多时候，我们的思维模式会给自己找麻烦，什么时候你可以清楚地看出自己思维模式的谬误时，才有能力去改变。

我们的情绪就像调频电台，为什么有时候怎样调都调不过来呢？其实是受制于我们的想法。我们大脑里的思想每天都非常密切地在影响我们，它也在掌控我们的喜怒哀乐。一件事情你怎么想，决定了你怎样去看待它，也决定了你接下来的情绪反应。这些都是发生在电光石火的一瞬间，所以我们很少有能力去检视自己的思想。

当你陷入负面情绪时，你就知道你的脑袋里面一定有一些负面而且错误的思想在影响着你，让你不能快乐。

比方说，我有一次到日本的屋久岛去爬山，因为天气原因，飞机无法直接降落，就降落在鹿儿岛，我们必须换乘大巴去港口坐船。当天海上风浪很大，同行的一个女孩晕船，吐得很厉害。

好不容易上岸了，我心想：这个时候我早就应该在酒店里泡温泉了，可是现在才到，真是折腾啊！当然，这么想的结果就是非常郁闷。可是那个晕船的女孩却说了一句话，让我永生难忘，她说：“这趟旅程好值啊，我买了一张飞机票，不但坐了飞机，又坐了大巴，还搭了船，真的好值啊！”我不禁佩服她正面思考的能力，正向情绪也被她带回来了。

很多事情，只要我们能够扭转自己的想法，去做一个正面的思考，那朵乌云就会镶上了金边，事情自然就会往好的方向发展。

CHAPTER 5

爱之术

没有人是为你而造、等着你、完善你、让你永远快乐的。
这是个童话，我们喜欢童话，想让生活中发生一些神奇的事情，
让我们的生命圆满，永远快乐。
有可能即使找到在身体、思想上和你相配的人，
你也要在自身上努力，你也要改变，因为还有功课等着你学习。

把一切交给时间去决定

在亲密关系中，
任何一方都不要在争执最激烈的时候做任何决定，
说任何狠话、气话，而是要能够冷静下来，
给自己一点时间，让时间给自己一个结果。

不要在争执最激烈的时候做任何决定

在生活中，我常常看到有很多人的亲密关系貌似维持不下去了，可是只要双方能够停止斗争，各自返回自己的老巢去休养生息，这样拉开一点距离，留给彼此一段时间，过后慢慢回头再去看，会有不一样的眼光和感受。

我有一位朋友，她的亲密关系已经破裂到无法修补了，而且双方还各自有了外遇。然而即使这样，后来大家还是看到他们在微博上晒幸福。他们是怎么做到这一点的呢？我觉得就是时间。

婚姻中出了问题，暂时先不要去处理它，不要在情绪刺激下做任何决定，比如一方说要离婚，那另外一方就暂时不要答应，先放着，等待时间让事情慢慢演变。

我还有一位朋友，她的先生不怎么负责任，每天都玩到深更半夜才回来，对她也不是很好。大家都知道他花名在外，但她没管。后来，这位朋友碰到一个很好的男人开始追求她，慢慢地这两个人就在一起了。但这位朋友有小孩，婚姻之所以维持也就是因为有孩子。虽然追求她的那个男人对她很好，一直要求她离婚，但朋友当时考虑到孩子才几岁，所以一直犹豫着做不了决定。慢慢地，她觉得这个男的给她带来很多压力——他一直催着她离婚。她就想：如果离了婚跟这个男的在一起，自己的生活会不会比现在更快乐？

随着时间的演变，她看到了后来的结果不会有什么不同，因此决定回到自己的婚姻中去，而她老公也接纳了她，于是两个人就又和好了。

我觉得就是时间的问题。当然，他们也可能开诚布公、推心置腹地谈了很多次。

像这样的例子有好几个，也是丈夫、妻子各自都有外遇，然后两个人为了孩子又回头在一起。当妻子生病了，丈夫去照顾她；丈夫生病了，妻子也去照顾他。最后双方发现，还是这种结发夫妻的感情，能一起相互扶持着走过来。

所以我觉得在亲密关系中，任何一方都不要在争执最激烈的时候做任何决定，说任何狠话、气话，而是要能够冷静下来，给自己一点时间，让时间给自己一个结果。

但是，话又说回来，有些亲密关系真的不行了，那人可能跟你的缘分就是这样了。他坚决要离婚，你给了他一点时间之后，他还是要离，而你心里可能也觉得一个人过会更快乐一点，那就干脆放手好了。在这种情况下，我觉得放手以后还能够从这段破裂的关系当中学习和成长，让自己的心更宽、看世界的眼光更广阔、更有包容心、更加谦卑、更加感恩。

如果还想要一段亲密关系，觉得那样能让自己变得更好的话，那这个亲密关系会在适当的时候来临，可能会带给你更好的体验。到时候你会发觉：当时怎么那么傻，死抓着原来那个男人不放干吗？其实现在这个好多了。

总之，重要的是自己跌倒了、受苦了、受伤了以后，一定要从中学习和成长，这样我们所受的苦、所受的伤才是值得的。

在亲密关系中，
通往地狱的道路是由期待铺成的

期待，就是希望对方能够满足我们儿时从父母那里没能得到的那种关爱、关注、贴心等等。在亲密关系里，抱有这种念头对对方是非常不公平的。我

们不能因为自己从小缺乏这些，就要对方来弥补——如果带着这种期待走进亲密关系里，那是注定要走入岔路的。

以前，我不能够容忍一段亲密关系中的任何瑕疵，我会觉得这样的关系，继续走下去是在浪费自己的时间。后来经过很多事情以后，我的想法改变了。我认为，如果真心爱一个人的话，应该要多给对方一些时间和空间，等一等，看一看，不要轻言别离。

现在有很多读者写信问我："我老公有外遇，跟我提离婚，我该不该离婚呀……"我都会告诉她们："如果你想要挽留这段婚姻的话，就不要哭，不要闹——就算要哭和闹，也是自己一个人哭闹，不要让对方知道。然后跟对方说，给你一年的时间，或是给你一段时间。不要立刻答应和他离婚，也不要为了报复什么的去离婚。先安静下来，该干啥就干啥，用这个机会来看自己，让自己成长，也让对方能够有一点时间去缓冲一下。"

有时候，男人就是在婚姻里过惯过烦了，突然有个外遇的刺激，让他有极大的新鲜感，加上男人通常耳根软，有时候第三者给他压力，就会忍不住提出离婚。

其实，离婚对于一个男人来讲，他的社会成本、情感成本、面子成本等各方面的付出都是非常大的。所以通常情况下，要一个男人坚决地离婚其实是很不容易的。这时候，我觉得女人可以稍微缓一缓，让这个男人能够沉淀下来，想清楚这个婚姻到底是不是他想要的。因为我觉得最终——尤其是有孩子的夫妻——能相扶到老，还是一件很美的事情。

我以前觉得婚姻不能有瑕疵，如果双方都有外遇了，这个婚姻怎么可能维持到老呢？怎么可能面对彼此呢？这可能是我比较天真的一个想法。

现在我看到这么多夫妻，经历过那么多的波折，可是最终还是能够携手到老，我就觉得能走到一起是值得珍惜的，也是值得鼓励的。

当亲密关系处于低谷时，给自己，也给对方一段时间吧！因为时间是一个很好的检验真理和对错的标准。

现在，当我回想以前的亲密关系为什么会遭受挫败时，我发现是自己不够包容，这也是我现在必须要学会和修行的。

我自己因为亲密关系屡屡不顺，就去观察周围朋友们的亲密关系，我觉得他们给我最大的感觉就是：与他们相比，我的包容度不够。其实在亲密关系处于低潮时，我应该学会等待。因为我看到很多夫妻，他们一路走来真的不容易，吵呀、打呀，各种状况，甚至双方还各自有外遇，外人看得瞠目结舌，都觉得他们应该是走不下去了。可是过几年再一看，他们居然又和好了，也就这么挺过来了。

我以前的一个同事，讲到他那乱成一团的婚姻关系时，听起来简直是一天都走不下去了。可是孩子大了以后去美国上学了，又看他在脸书上晒全家福，在朋友圈晒恩爱之类的，我就觉得好像没有婚姻和亲密关系是不曾经历过这些暴风雨的，一下子我就释怀了。

要远离那些“对外人好，对家人差”的人

遇到那些对亲人、爱人特别坏，
而对外人特别好的人，
我们能做的只是在心理上拉开距离。

我曾经在微博上发了这样一段话，引起了很多回响：“越是要面子、喜欢讨好外人、获得认同的人，对自己亲密的人越不好。因为能量都用到外面去了，面对亲人只好放松，把负面性、不耐烦等通通透透地展现。”

那么多人回应，可能很多人都是“受害者”吧！

我就看过一个很奇怪的朋友，在餐桌上和他的父母、公司员工以及一个临时请的司机一起吃饭。他点了一堆菜后，他父亲轻声说想吃什么，他立刻厉声臭骂父亲说：“点那么多，等一下吃不完你们又啰啰唆唆的，干什么？”当时我也在场，看到他父亲脸色一沉，不再说话。吃得差不多时，临时司机要下桌（可能去抽烟），他立刻柔声热情地说：“吃饱没？不要客气啊！”我看了，差点要晕倒。

后来，我问这个朋友：“你为什么对自己的生父如此严厉、不给面子，对外人却如此好？”

他愣了一下，回过神来说：“每次点菜吃不完，他们（父母）就会逼我们吃掉，说不可以浪费，我的员工会受到压力。”

我说：“你的员工是年轻人，受点压力多吃一点有什么关系？何况老人家不想浪费，但是也没有强迫你要怎么样，你不吃就好。为什么你不希望自己的员工受到压力，却让自己的父亲受气、难堪？”

他无语，只能说他是个没有意识、没有觉知的人。

这种人，你在他身边就是很辛苦的，只能和他保持距离。否则，他永远都会把最恶劣的那一面拿来对付自己最亲近的人。

对于那些对亲人、爱人特别坏，而对外人特别好的人，我们能做的只是在心理上拉开距离。如果是朋友，离远一点；如果是家人，也离远一点；如果是配偶，心理上一定要独立自主，也离远一点。

当你没有对方也能生活得很好的时候（对父母、子女、配偶都一样），你就会获得对方的尊重。更重要的是不需要对方的赞赏、认同，甚至爱，那你就是最强大的人。最强大的人会获得尊重，他也就把你当“外人”了。所以，立足于自己的中心点非常重要。

灵魂伴侣，
越完美越危险

没有人是为你而造、等着你、完善你、让你永远快乐的。
这是个童话，有可能即使找到在身体、思想上和你相配的人，
你也要在自身上努力，你也要改变，
因为还有功课等着你学习。

“灵魂伴侣”的概念，其实很危险

我曾经很喜欢“灵魂伴侣”这个概念，因为这是很浪漫的：你在等待有人到来，然后神奇般地完善你；或者你觉得有人和你完全相配，当你们在一起时，就会永远幸福快乐地生活下去。

“灵魂伴侣”这个概念，其实很危险，就和结婚的概念一样危险。别以

为婚姻就是两个人交换戒指，到死才分开，一起解决问题，生儿育女，你不用改变自己，各自按各自的生活方式生活的。

对我来说，婚姻肯定不是这样的，婚姻是修行的最佳场所，是显示未知的自己，然后回归真正的自己的最好方法。之后你会走出自己的舒适区，着手改造自己。

在大部分关系中，人们会越来越陷入舒适区，即使待在舒适区里会让自己感觉不舒服，他们也懒得做出改变。特别是那些将伴侣视为自己一切的夫妻，因为你是我的，我就可以按自己的方式做事，反正你不会离开我。因此我就是我，要占主导地位，不尊重你。

许多人都这样，他们很强势，自以为正确，在精神上虐待伴侣。他们将伴侣视为理所当然，以为婚姻会天长地久，以为伴侣不会离开自己。

然而对我来说，亲密关系是非常困难的修行课题，因为我必须面对自己，面对许多挑战。我知道自己不完美，而亲密关系会暴露我的不完美。我必须努力，不然我们在一起就不会快乐，这段亲密关系也不会公平美好。

因此，我必须着手改造自己，面对自孩童以来没有解决的问题，改变自己的负面信念和思维模式。我需要做许多事来改变自己，这样才能拥有一段美好的关系。

一段安全稳定的亲密关系能给你带来安全感和稳定感，但不能帮助你成长。当外遇或是其他危机、冲突发生时，就是个让你成长的好机会。

不要相信所谓的灵魂伴侣

没有人是为你而造、等着你、完善你、让你永远快乐的。这是个童话，我们喜欢童话，想让生活中发生一些神奇的事情，让我们的生命圆满，永远快乐。有可能即使找到在身体、思想上和你相配的人，你也要在自身上努力，你也要改变，因为还有功课等着你学习。

在没有伴侣的情况下，如果你感到不快乐，你先要在自身上努力，否则即便有了伴侣，伴侣也不会让你快乐。因此，在你的伴侣出现以前，你就要在自身上努力，让自己快乐。有时候，我们会希望遇到一个有致命吸引力的人，能让你一见钟情并相爱，但这是最危险的情况。根据我所学到的功课，这意味着你有许多功课要做。对方越迷人，他带给你的功课就越多。

我们称这种伴侣为业侣（Kamic Partner），因为你俩之间还有没完结的业，你要和他一起处理大问题，经历亲密关系，他的任务就是治愈你。但为了治愈你，你需要经历很多困难，之后才会被治愈。

愿天下痴情男女都能学会自己人生的功课，找到真爱。

不要相信所谓的灵魂伴侣、双生火焰，好像有一个人出现会拯救你于孤单无依之中，这是童话故事，不是真相。即使有这样一个人，他也是来考验你，教你人生功课的。

只有先做好这样的思想准备，等到那个人出现的时候，才不会让你大失所望。

不要对人过度付出

没有人逼你付出，是你自己心甘情愿的。
对方没有回应，或不知好歹、恩将仇报，
都是对方应该有的正常权益。
我们必须看到自己付出背后的真相，并且愿意去承担。

最近我有一个感悟：不要对人过度付出。

如果你付出成性，付出就快乐，那你也要学习如何付出而不求回报（很艰难的功课，我还在学习当中）。尤其是你付出的对象，把感激只放在心里，而在行为言语上该怎么样还是怎么样的时候，不要觉得难过，或是后悔自己的付出。

宇宙有一本公平的账，你得到多少，付出多少，是公平的。但是如果你的付出后面是带着钩子（希望对方怎么样或是表示感激），那么对方可能不会真正感激，这笔账也无法为你加分。

所以，如果你是属于付出的一方，记得不要把自己的付出挂在嘴上，动辄用来“绑架”对方，让自己成为一个受害者。你不要认为自己为别人付出了很多，他们就会因为你的付出、得到的好处而改变自己的习性，或是为了你做出什么改变。他们忠于自己那机械性的习性，该生气就生气，该背叛就背叛，不会因为你的付出而有所改变。

我有一个女性朋友，爱上一个有妇之夫，对方一直离不了婚，她还硬是破坏了自己原来美满幸福的家庭，让男人心理上没有“阴影”。对方事业不顺，她倾全力帮助他，包括资金供给。她对他无微不至地照顾，生活上从头到脚为他打理一切，只要他有任何不顺遂之处，她就以自己三头六臂的功夫为他摆平。

男人后来事业失败，自觉羞愧，开始对她冷言冷语，心理上逐渐疏离。女人恐慌，还是不顾一切地想抓住他，愈是这样，两人关系愈不好。最后女人再也无法忍受了，就像在股市里面买了一只股票，一赔再赔，最后只能认赔走人。

男人受了女人那么多的好处和照顾，但他还是过不了自己那一关。该伤害女人的时候（虽然不是故意的），不会因为感激就改变自己的习性，从而珍惜这份得来不易的感情。对于女人的付出和牺牲，他只能选择不去看，去遗忘，免得自己过于羞愧而无法正常生活。

对于这个朋友，我只能说，你为一个男人付出这么多，后面一定是有目的的。也许是业力（欠他的），也许是你虽然生活顺利、丰足，但却无法掩盖内心那个无法言喻的大黑洞。这个男人的出现，让你像“嗑药”一样上瘾，掩饰自己内在的不安，用他来刷自己的存在感，而无法面对自己一个人时的空虚、无助、无意义和无存在感。

要知道，没有人逼你付出，是你自己心甘情愿的。对方没有回应，或不知好歹、恩将仇报，都是对方应该有的正常权益。我们必须看到自己付出背后的真相，并且愿意去承担。

把自己想要的说出来

如果你觉得生命当中欠缺了什么，
可能就是因为你不相信你配得到，或是能够拥有。

真正想要某样东西，没有要不到的

我喜欢观察人，窥探人性。我常常可以看到很多不同的现象，了解人与人之间的差异。于是更加确信，我们的人生，就是自己的信念创造出来的。我观察到，那些真正想要某样东西的人，没有要不到的。关键就在于你是否真心想要，同时敢不敢要。

我最近发现，的确是有好多人不敢去要东西的。当然，我也见过那种极为饥渴，小时候奶喝得不够，到处讨奶吃的人。一般来说，敢要的人，几乎都比不敢要的人过得好。那些非常敢要的人，虽然会让你敬而远之，可是他们的生活通常都过得不错，也很有动力。

我就是一个比较敢要，也比较能接受别人付出的人。虽然一方面我自己非常大方，可是我也很享受别人对我的付出。但是我观察到，很多人无法接受别人的好意、付出、馈赠，因为内心有非常严重的不配得情结。

有一次，在一个呼吸工作坊，我和一位漂亮妹妹一起做个案。当我温柔地给她抚摸、按摩的时候，她完全无法信任、放松。而当我移动她的脚的时候，她会自己出力，好像不好意思把脚交给我。

个案完毕，我跟她说，你太难接受别人的付出了，你一定要放松，心安理得地去接受，否则自己很委屈，而且一再付出，负面情绪也会累积，对身体不好，对关系更不好。

她很惊讶，我怎么会从短暂的身体接触就碰到了她的命门？其实这是非常明显的，她身上还带着愧对父母的印痕。我可以理解，她小的时候父母一定常常用“羞愧感”来操控她，或是让她承担不属于她年龄的责任（比方说，为父母一方的痛苦、烦恼负责）。像这样的孩子，怎么可能好好享受她的人生，并且获得幸福呢？

除了上面这个例子之外，我们普遍不敢去要东西，是因为当我们小时候非常脆弱无助的时候，我们向大人求救，希望获得帮助，可是他们也许太忙了，无暇顾及我们，让我们一再失望。长久累积下来，我们会在自己小小心灵中做了一个宣判和决定：一定是你不够好，你不配得，所以要了半天都没有。以后你就知道了，好东西和好事儿都没你的份儿，哪边凉快哪边去，别再要东西了。

因为不敢要，所以对方不知道

这个小时候的决定，影响了我们的一生。根据我自己的经验，那些敢于梦想，敢于说出自己想要的东西的人，几乎没有不成功的。然而，为什么有些人看起来也非常勤奋、努力，但是却屡屡失败呢?

这其中的差别就在于：后者的内在是没谱的、匮乏的，他其实不相信自己的能力，也不相信自己会成功，但就是因为太自卑、太想要用成功来证明自己，所以非常努力。然而这种努力是没有底气的，因为内心深处的动力是想要证明自己不是一个失败者。如果这种人的座右铭改成“我是一个成功者”，而不是“我不是一个失败者”，那么他离成功就不远了。

这两种动力是差很多的。

我不是一个失败者，我要证明给“你”看。这个“你”，通常是父母，长大以后就变成了所有人。他在意别人的眼光，随别人的评判起舞，没有自己的中心。

而我是一个成功者，这是一种非常正向的信念。因为一旦你相信自己会成功，你的所作所为、所思所想，都会围绕这个信念打转。你使出的每一分力气，都会把你向上拉提，而不是往下扯。

所以，如果你觉得生命当中欠缺了什么，可能就是因为你不相信你配得，或是能够拥有。

要如何转化自己这个信念呢？

其实，一开始你也许无法说服自己，你是配得的。你也无法用一个念头就让自己相信，你是可以拥有想要的幸福的。所以，最简单的捷径就是去要，厚脸皮地去要。跟谁要呢？跟最高力量。

可能很多人无法相信最高力量的存在，其实也不需要去相信。但是无可否认的是，每天我们生活、工作、呼吸之间，小至我们个人，大至天体星球的移动，没有一件事情不是在最高力量的运作之中的。如果没有一个最高力量，我们是如何从众多的精子当中脱颖而出，进入母亲的卵子后形成的合子的？如果没有一个最高力量，为什么那么多彗星没有撞到地球，地球能持续不坠？我们人能决定什么呢？我们连明天早上是否下得了床都无法决定，我们以为自己有什么权力呢？

所以，如果你带着这份真诚的臣服和相信，然后理直气壮地去向把你带到这个世界上的那股力量祈祷，告诉它：既然把你带来，就得管好你的事。

把你的愿望告诉它，把你的梦想告诉它。其实这也是它把你带到这个地球上来的目的——好好地体验人生。你有权利要求更改你的信念——毕竟那些信念本来就不是你的，如果不合适，绝对可以要求更改。大胆地去要吧！

当然，我们也要练习在生活中把自己想要的说出来，不要不好意思，不要害羞，就是练习硬着头皮说出自己的需要，看看别人如何回应你——尤其是那些亲密的人。也许你的生命从此就有了转机。因为很多人不敢要，所以对方不知道。累积久了就有怨气，在关系中造成伤害。所以，我建议，用适当的方式适时说出自己的需要，对所有关系都是非常健康的。

可以被宠，但别让自己被宠坏

在亲密关系中，永远不要吃定对方，
以为对方爱你就可以让自己退化成孩童模式，
任性而不负责任。

亲密关系中被宠爱的一方，容易退化成孩童模式

她和他认识十几年了。初相逢的时候，男的有女友，女的有男友，虽然彼此感觉很好，但就是没有缘分在一起。多年以后，他们又在北京重逢，这次男未婚、女未嫁，都是自由身，就顺理成章在一起了。男的年纪比较大，经济条件也比较好，非常宠爱女方。为了她，他放弃了多年脚踏几条船的坏

习惯——同时和几个女性维持随意的肉体关系。为了她，他终于动心想要结婚，甚至想生孩子了。她享受他的宠爱，辞掉了工作，在家里和他一起过小日子。

原本应该顺利发展下去的关系，却随着时间的推移发生了变化。她日日无事，开始沉迷于电玩，通宵熬夜地挂在网上。男的要上班，无法陪她熬，只有每夜孤枕入眠。女孩心高气傲，说话常常不留情面，让男人的自尊招架不住，两个人开始不断地小吵、大吵。

有一次，男的约了一位女性朋友（可能是以前有过暧昧关系的）谈事情，耽搁了和女孩约会的时间，迟到了。女孩特别生气，拂袖而去。找到她的时候，人已经跑到成都找朋友去了。

男人对她的行为非常不能谅解，何况又是处在他公司要转型、最为关键的时刻。女孩和他“闹”，男人最禁不起“闹”，闹就会让他烦，一烦就会想“不如结束这段关系”，但内心又舍不得。由于交往几年争吵不断，男人当初想要结婚生子的热情受到了打击，迟迟不肯迎娶女孩进门。女孩没有“归属感”，于是求助于网络上的朋友。

在虚拟的世界里，我们很容易就可以找到现实世界里面少有的：有耐心的、很有爱的、无条件付出和支持的一堆朋友。女孩沉溺在这样的世界中不可自拔。男人一开始不能接受，但是也能理解女孩的生活没有重心，需要朋友，毕竟玩玩游戏还是比较安全的，于是勉强接纳了女孩的行为。但是为了这件事情，两个人多次争吵，早已埋下问题的种子。

这次的吵架出走，一开始男人狂打电话，女孩都不接。最后好不容易找到了，男人问女孩："为什么要这个样子？"女孩说："我不高兴。"二话不说就挂电话，让男人非常受挫，道歉都挽不回她。

女孩的行为，其实是一种"退化性"的表现——在亲密关系中，比较被宠爱的那一方，通常会无意识地退化到孩童的行为模式，不自觉地把对方看成是自己的父母。更严重的是，还会不知不觉地把对父母的仇恨（历年来累积的！！）都放到对方身上，要对方埋单。

在亲密关系中，永远不要吃定对方

女孩很显然在"闹脾气"，男人光是道歉都不足以消除她的心头之恨，可见她很难成熟地去承担一些自己的负面情绪。一件这样的小事，会让女孩勾起从小到大父母让她失望的种种仇恨。所以，她的行为举止和发生的事其实并没有太大的关系——而是她被骄纵之后变得任性、不讲理、退化成孩子的模式，只是自己没有觉察到。

其实一旦有所觉知，她应该就能理性一点、退后一步去看整个情势：自己年纪也不小了，靠着长得年轻漂亮，也许还能找到对象。但是，像男人这样条件好、人品好，又真心爱她而她也爱的，也不是很容易找到的。在亲密关系里，最怕的就是"不珍惜""理直气壮地任性、撒泼、使小性子"。

男人要做的就是面对自己被女孩勾起的伤痛，并且愿意用最成熟的方式和她好好谈一谈。与此同时，男人其实也要做好“分手”的准备。因为亲密关系走到这个地步，除非女孩能有觉知，愿意看到自己的任性骄纵而收收自己的性子，并且珍惜这份来之不易的感情，否则继续下去，她只会越来越偏颇、任性。

在亲密关系中，永远不要吃定对方，以为对方爱你就可以让自己退化成孩童模式，任性而不负责任。被迫扮演父母角色的那一方，也要承认自己的错误（过度迁就、忍让或付出），做好斩断情丝的准备。但是通常付出比较多的一方，会不甘心自己的投入和牺牲竟然没有取得成果，所以会犹豫不决并且狠不下心，这样其实会让对方更加不知进退和珍惜。有时候，情场如“股场”，认赔走人的时刻，还是要有“壮士断腕”的决心。

而对女孩来说，也许有一天真的失去了这段关系，她再去看看、试试别的男人，才会知道自己失去了什么。那个时候，希望她回头还来得及。

总而言之，在亲密关系中，双方一定都要为自己的负面情绪负责，并且愿意真诚、开放地和对方沟通自己的感受，而不是一味地责怪、埋怨，或是用退化性的行为来破坏双方的关系。

没有犯错就不能分手吗

不要说每个人想要的都是快乐幸福。
真相是，每个人都在逃避自己的痛苦。
即使那个痛苦已经过时了，不能再为我们效劳了，
可是大多数人都选择逃避它，并为此付出巨大的代价。

我认识一位成功人士，他在老家有一位交往多年的女朋友，女人为他在老家照顾父母，有实质贡献。他一个人在外打拼事业，名声不小。其实，他们两个人之间早已没有爱情，更别说性生活了，但他就是提不起勇气说分手。他也碰到过自己的真爱，对方为了他也离开了自己的家庭，想和他厮守，但是这个男人就是一直逃避。

真爱女友问他为什么不能做决定，他说：“对方没有犯错，我怎么要求分手？是你俩缠着我不放，我就看你们哪一个先走。”

没有犯错就不能分手？不知道这是哪一门子的理论。如果这个理论成立，从此以后敢谈恋爱的人大概会所剩无几。亲密关系中最重要的是要两情相悦，双方在一起都感觉非常舒服。如果有一方不舒服，对方却不肯放手，那这种爱是多么地自私、无情。

男人有一次也很感慨地对真爱说：“为什么我就不能好好地谈一场恋爱呢？没有结婚也像结婚了一样要偷偷摸摸、良心不安的。”这个问题其实挺愚蠢的。为什么？这是你自己的选择啊！是你选择要做“好人”，牺牲自己真正的快乐幸福，就不要再问为什么了吧！

最后，真爱终于走了，留下他和那个没有感情的老家女朋友，继续装作没事似的分居两地，偶尔见面。男人继续交女朋友，因为他条件好，总会有女人不介意做这种隐形“小三”。但是他永远不能理直气壮地面对自己所爱的女人，也不断地在逃避那个已经无法同处一室的女朋友，继续耽误人家的青春。

所以，不要说每个人想要的都是快乐幸福。真相是，每个人都在逃避自己的痛苦。即使那个痛苦已经过时了，不能再为我们效劳了，可是大多数人都选择逃避它，并为此付出巨大的代价。

我还有一个朋友，她的男友和她交往不到一年就分手了。她非常生气，因为对方是以发微信的方式，一句“我们分手吧”，就打算这样潜逃。

当时，我不了解她为什么那么生气，一直使出各种报复手段追杀对方，并且愤恨不平，不停地抹黑对方。大家都是成年人了，交往一段时间之后，一方觉得不合适，难道就不能抽身离去吗？这是什么道理呢？

后来我才明白，原来是男方分手的方式让人难以接受。男方没有勇气面对面坐下来，告诉她：“我觉得我们真的不合适，所以请你理解，我必须和你分手了。”这话如果说得有底气，其实是不会那么伤人的。但就是因为大部分不敢先提出分手的男人都是没有底气的，面对女人说这种话，似乎比杀了他们还要令人难以忍受。

走笔至此，我只能说：“女人，有点骨气吧！谁没谁不能活呀？分手就分手，自己要活得更加有光彩，才不枉费吃这么多苦。男人，也有点骨气吧！不要下意识地把女人当妈，有话不敢说，不能拿出男人范儿来做出决断——为了自己的幸福，其实也是为了对方的幸福。”

所以，常常问自己，如果我真正想要的是幸福，我会怎么做？这是确保我们幸福的一个关键。

没有情伤是走不过的

你可以封闭自己的心，让自己沉溺在情伤当中，
再也不谈感情或是再也不相信爱情，但那是你自己的损失。
外面的世界不会因为你的悲泣而变得更糟糕，
但是你的世界却是自己选择而来的。

每个人都有过情伤，也都走出过情伤。但是，每次在情伤中时，那种撕心裂肺的痛，让人喘不过气来，好像快要死了一样。其实，没有情伤是走不过的，时间就是最好的良药，只是那一时之痛，实在让人有点难以承受。那么，有没有快速走出情伤的奇方妙药呢？我觉得还是有的，整理出来和大家分享。

找下家，没有人是不可替代的

一般男女情爱的情伤，相较于失去至亲的伤痛，其实是比较好走出来的。我年轻时候的疗伤方式，就是千篇一律的“找下家”。后来，我有过一次刻骨铭心的情伤，几乎无法走出，最后悟出来第一个绝招是：放下他。别笑这是烂招，让我解释一下。

我们对一个人的情执，其实就是认定了：此生非他不可，别人无法替代。其实，这是一个非常致命的错误想法。谁没谁不能活啊？我已年过半百，实战经验丰富，我真的可以清清楚楚、斩钉截铁地告诉你：没有人是不可替代的。也许你找不到比他更了解你的人，也许你找不到比他更好看的人，也许你找不到比他更有味道的人，也许你找不到比他对你更好的人，也许你找不到比他更忠诚的人，这些都是可能的，但是并不构成你不能失去他的绝对理由。没有他，你还是可以活得很好。所以，不要让情执绑架你，不要让错误的想法误导你，影响你真正的幸福快乐。

赶紧学会他要教你的功课

另外，亲密伴侣其实都是来教我们功课的，尤其是那种致命吸引力的关系。你明明知道对方不合适，你不应该爱他，可是好像就是无法摆脱这个魔咒。

那么，恭喜你，他就是你最好的上师。

比方说，男人靠不住，就是在教你学会独立自主；他总是情绪低落，或是不太理会你，就是在教你学会自己在生活中找乐子，不要依赖他；他对你不好，其实就是在教你要学会爱自己、对自己好；他对你指手画脚、诸多控制，就是在教你要学会尊重自己，为自己划清界限。

功课都学会了以后，你会发现你慢慢从他身上找回了自己的力量，越来越独立。这个时候，如果你觉得他还是个不错的伴侣，那就继续；如果觉得不合适，那么就可以非常理智地“放下”他了。所以，第二个绝招就是，赶紧学会他要教你的功课，那么就很容易放下了。

要有走出情伤的强烈意愿

没有人可以让你痛那么久，除非你自己愿意。所以，第三个绝招就是，要有走出情伤的强烈意愿。

你可以封闭自己的心，让自己沉溺在情伤当中，再也不谈感情或是再也不相信爱情，但那是你自己的损失。外面的世界不会因为你的悲泣而变得更糟糕，但是你的世界却是自己选择而来的。天堂和地狱，有时候只是一念之间。

我可以举两个失去至亲的伤痛的极端例子，来说明你可以如何做出明智的选择。

我的一个朋友，从小是由外婆带大的。父母都和她离得远，不亲。但是外婆对她宠爱有加，把她像小公主一样捧在手里。然而，被她视为“天”的外婆，在她 18 岁那年就过世了。她没有沉溺在失去依靠的伤痛里不可自拔，而是变成一个独立、自主、干练的女人，用外婆爱她的方式来爱自己（这点非常重要）。虽然我感觉她内心还是住着一个需要爱、需要认同的小女孩，但是她整个人散发出无比自信和强大的气场，具有非常正向的力量和能量。

另外一位是我认识的艺术家。他去当兵的那天，母亲送他去车站。他上车之后，试图在拥挤的人群中寻找亲爱的母亲的身影，但却只看到了母亲裙角的一隅和高跟鞋。

妈妈回去当天，就突发心脏病过世了。于是他一生都沉溺在失去母亲的伤痛中，在亲密关系里不断重复这个“得不到爱，得到的不爱”的模式，反复经历失去所爱的痛苦。我看过他的作品，里面蕴藏着他心中最大的悲痛，所以是很有感染力的。他的失落和悲戚，也毫不犹豫地刻画在他的脸上。那种悲恸的程度，让我觉得就算他母亲死而复生，都无法弥补他内心失落的那一块大黑洞。

我的这两个朋友，他们遭遇类似，选择却不同。说到选择，其实她并没有做一个“有意识”的决定：我要从悲恸中走出来，成为一个独立自主发光闪耀的人。他也没有做一个“有意识”的决定：我要一生沉浸在失去母亲的悲苦中不可自拔。

所以，从某一个角度来看，好像这是天注定的。但是我自己的经验是，一旦你有意识了，比如说，看到这篇文章，你觉得真是太纵容自己沉溺在过去的失落当中了，因而想要走出来，那这就是一个最好的动力，让你有意愿走出来。否则，像上述的他，自顾自地吸吮伤口，从来没有意识到这个伤口是可以疗愈的。

当你有了“走出情伤”的强烈意愿时，你会发现生活中会出现很多帮助你的人和事，把焦点多放在他们身上。同时，我也建议多和那些勇敢走出情伤的人聊聊，听听他们的经验和过程，然后告诉自己：他们可以，我也可以。

最后我要说的是，那个人离开了，让你伤心悲痛的，其实不是他，而是那些心里积存已久的被遗弃或是不被爱的伤痛。认清这一点，并愿意为此负责，就是走出情伤的最佳捷径，前面两招都没有这一招厉害。

下篇▲

亲爱的孩子，快乐是我最想教给你的事

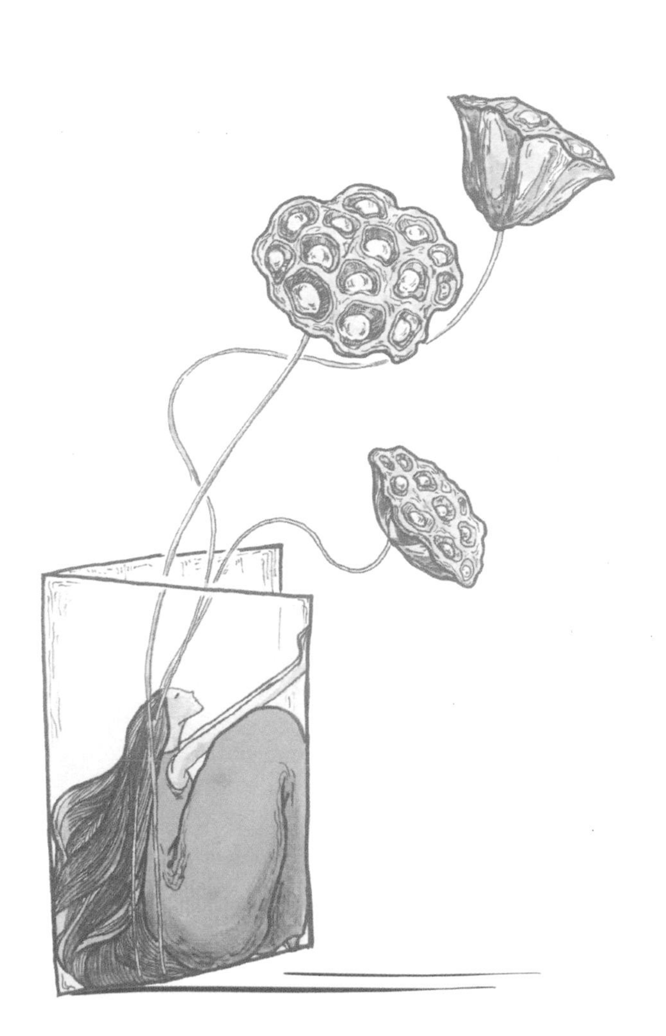

和这个世界相处，
最重要的快乐处方就是不要有期待

为什么我们跟孩子之间会有那么多问题？
跟孩子的关系会那么紧张？
就是因为做父母的常常把两样东西放在孩子身上：
第一是恐惧；第二是匮乏，也就是自卑感。

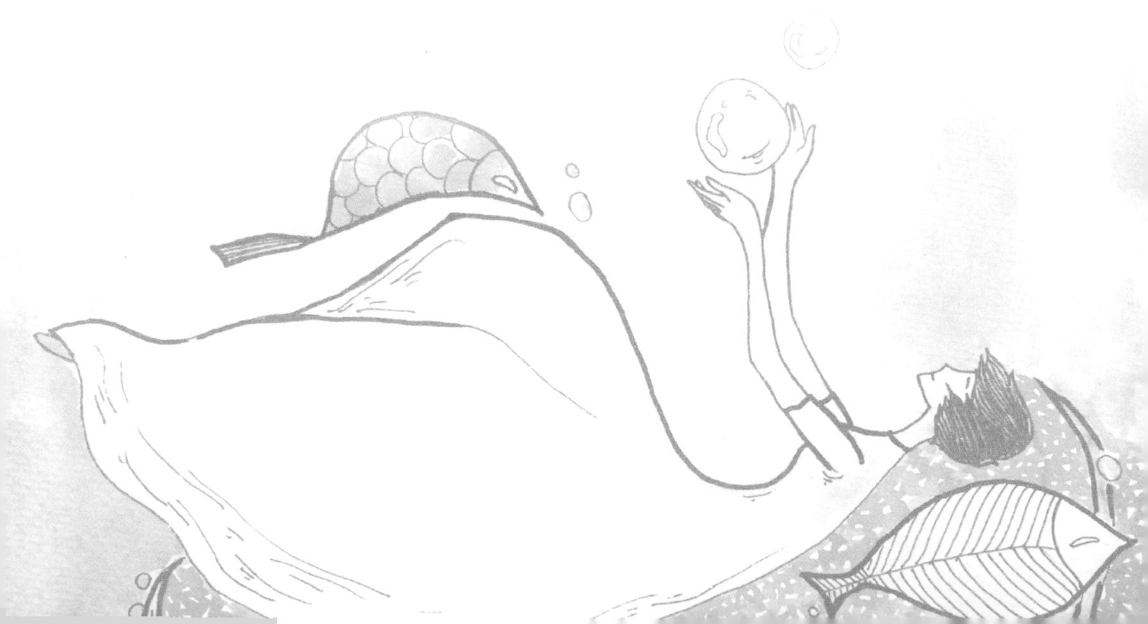

父母过好自己的人生，孩子就没问题

把自己修炼好，孩子自然就好了。
只要不把孩子当成我们的“投射板”，
孩子多半就会有个快乐的童年。

把你自己修炼好，孩子就没问题了 ◀◀◀

我出去演讲的时候，常常会碰到一些忧心忡忡的家长。他们看到我的书中描述我们每个人小时候是如何被制约、被压抑，从而一生受到祸害，因此都会问：“我们应该怎样帮助孩子，才能让他从小不会遭受那么多的创伤呢？”我的回答一般都是：“把你自己修炼好，孩子就没问题啦！”

其实，孩子最需要的就是父母的全心接纳，如此而已。可是，哪个父母不觉得对面的柱子长得比咱们家孩子高，跑得也快；隔壁的薇薇比咱们家女儿聪明；你看你班上的王大头，每次都考一百分；王叔叔的婶婶的表姨的小姑的女儿，拿了什么什么竞赛的第一名。哪个父母不曾这样管教过自己的孩子：你看你，手这么脏还抓东西吃，一点卫生观念都没有；你看你，一点小事就哭，哪像个男孩子？

从小处于这种负向“轰炸”之下的孩子，在潜意识里都觉得自己不够好。而这个“不够好”和“不配得”的情结，就是造成我们很多人大半辈子无法真正快乐的主因。因为我下意识地觉得自己不够好，所以容不得别人说我；因为我隐隐约约觉得自己不如其他人，所以我必须强出头，在各方面都要有所表现，来安慰自己；因为我觉得自己不配得，所以很多事情我不会去争取，或是不自觉地破坏快到手的成功或是快乐。

不要借由母亲的身份，将你的负面情绪投射在孩子身上

有一天早上，我难得跟孩子们一起用早餐（平时是练瑜伽啦，不是赖床——你看，怕你们觉得我不够好，所以要解释）。我注意到我和女儿开始吃了很久，我 12 岁的儿子还是在他的房间里东摸摸西搞搞。

我那天心情不佳，意识层次较低，负面情绪较多，怎么看他就是不顺眼。

催了好几次，他总算姗姗来迟，我开始很不高兴地数落他："你看看你，动作这么慢，早上起来在楼上磨蹭那么久！我应该送你回台湾去当兵，把你训练得动作快一点！"

孩子听了我的数落，感受到我对他的不满，开始很不高兴地反驳我："哪有慢，今天要穿制服，还要打领带，很复杂呢！"

我还是很不高兴地抱怨，一直唠唠叨叨喋喋不休。这时，我有了一些觉察，看到自己在试图让猫学狗叫，而且还振振有词地为自己辩护。

其实，我的儿子一直就是一个动作不利索的人，这是事实。不过，这显然并没有误事，至少每天早上我虽然没有陪他们吃早餐，但是他们都准时赶上校车去上学了。

问题出在哪里？出在那个看不惯别人动作慢的人，就是我——他的母亲身上。我是在利用自己的母亲的身份，把自己的负面情绪投射在孩子的身上。

很多时候，我们往往借由"管教孩子"的名义，把自己不喜欢或是看不惯的东西发泄在孩子身上，美其名曰"对他好"，但是却伤害了孩子的心。

那天早上，我就听到我儿子大声地斥责他妹妹，让她赶快出门，语气中充满了不耐烦和怒气，惹得我又开始不高兴，感觉很毛躁，很想出言阻止他。但是，我立刻又察觉到：这是谁教他的？谁以身作则地教他对人不耐烦和愤怒时如何表达？谁让他一大早就怒气冲冲地出门？因此一念之转后，那一刻，我体会到的是一个惭悔的母亲的反省。

放下你的故事，不要把孩子当成“投射板”

也许你会说，孩子总有做得不对的时候，总得教吧？当然。孩子绝对需要界限，否则他们会经常感到迷失的，而且感觉不被爱。但是，重点在于管教时的态度。如果孩子的行为和言语没有触动你自己内在的旧伤或是情结的话，你管教他的态度是截然不同的，不是吗？

我以前很重视孩子的睡眠。规定他们九点一定要准时上床睡觉，这是我的“规矩”。因为我觉得他们睡不够就会生病，生病就会找一堆麻烦。所以，每次看他们很晚还不睡的时候，我就会抓狂。

有一次，我儿子晚上十点半跑到我房里来，说他睡不着。要是以前，我就会很生气地斥责他，要他赶快回房睡觉。

但是，学了拜伦·凯蒂的一念之转之后，我看到了我的思想。

然后我就问自己：为什么会生气？

答：因为睡不够就会生病。

问：这是真的吗？睡不够就会生病吗？

答：嗯，不一定啦。

问：当你有这种想法的时候，你是个什么样的妈妈？

答：是一个忧心忡忡、有点抓狂的母亲。

问：没有这种想法的时候，你又会如何？

答：我是一个爱孩子的心平气和的母亲。

问：所以，你看得出来，你的抓狂生气，和孩子的行为没有关系。让你生气的是你的思想，它夺走了你的平和，以及做母亲的爱心。

当我想到这个，我就能放下我的“故事”，（孩子睡不够就会生病，生病就会很麻烦——这是真的吗？）而以平常心看着十点半跑来我房里的儿子。他是那么英俊，长得超像我，嘴巴嘟嘟的，因为睡不着而感到沮丧。我开心地拥他入怀，让他睡在我旁边，安慰他。过一会儿，我柔声问他：“妈妈陪你回房间睡好吗？”他点点头，我就高高兴兴地（他也是很受安慰地）送他回房间。

所以，我说了，把自己修好，孩子自然就好了。只要不把孩子当成我们的“投射板”，孩子多半就会有个快乐的童年。

父母最爱放在孩子身上的东西：恐惧、匮乏

为什么我们跟孩子之间会有那么多问题？
跟孩子的关系会那么紧张？
这是因为做父母的常常把两样东西放在孩子身上：
第一是恐惧；第二是匮乏，也就是自卑感。

为什么我们跟孩子之间会有那么多问题？跟孩子的关系会那么紧张？这是因为做父母的常常把两样东西放在孩子身上：第一是恐惧；第二是匮乏，也就是自卑感。

恐惧是什么？恐惧就是这个世界很不安全，我害怕孩子出什么事情，我

就活不下去了。

匮乏就是“孩子啊，妈妈不出色，爸爸没什么成就，所以我们一辈子的希望都在你身上了”。

我就是被这两种能量养大的。

我妈妈有很多恐惧，所以对我严加控制，我年轻时的婚姻都由她完全包办。那时有人给我介绍对象，我妈妈就会说，这个不要，那个不行。从结婚到离婚，她完全参与，我在她面前没有隐私。

我爸爸很匮乏，所以把很多希望都放在我身上。在我还很小的时候，他就把一双大手放在我的肩上说：“女儿啊，你一定要出人头地，光宗耀祖，因为爸爸的幸福快乐都在你身上。”这对当时的我来讲，是多么大的压力啊！如果你小时候父亲给你的安全感不够的话，你会对这个世界充满恐惧，对金钱也会有匮乏的感觉。直到有一天，你可能突然发现你的父亲其实一直在那里，始终在支持着你、在爱你——可能是以一种你无法理解或者看不见的方式。如果你能看到这一点，你对这个世界、对金钱的匮乏和恐惧都会下降。

我母亲曾经有一阵子对我很冷酷、很疏远，因为我没有按照她的希望成为一个基督徒，而去搞什么“乱七八糟”的灵性。有一次在回台北的飞机上，我在那里哭，我女儿那时才 7 岁，她问我为什么哭，我说：“妈妈真希望姥姥能以我本来的样子接受我、爱我，而不是因为我不是她想象的样子就切断对我的爱，惩罚我。”我不知道女儿能不能听得懂，就对她说：“妈妈一定不会这样对待你，不管你以后是什么样子，妈妈都接纳你、爱你。”

我希望和儿女的关系能够像朋友一样，没有那么多的期望和牵缠。但是，由于我个人反对早恋，我很早就跟孩子们说，希望他们 18 岁以后再开始谈恋爱。然而我女儿有她自己的想法，很早就谈了男朋友，算是早恋，常常很晚才回家，在男朋友家流连忘返，这让我觉得心里很不平衡。因为我觉得我对他们已经没有那么多的要求了，就只有几个大方向的考虑，他们都不能听从，所以我非常失望。

有一次她回家，我就告诉她：“你眼里根本没有我这个妈妈，我们不要做母女了，你就当没有我这个妈妈好了。”然后就把门关上不理她。

她说：“妈妈，你为什么要这样子？”然后就哭了。

突然，我发现我完全是在用我妈妈对待我的方式在对待女儿，好可怕。在那一刹那，我终于放下了，并对女儿说：“去做你想做的事情吧，妈妈永远爱你。”

放下对孩子的过度期望，
孩子才能真正成长

我们人生中出现的很多问题，
其实都来源于我们过度的期望。不管是对别人还是对自己，
这种期望实际上都源于我们自身的恐惧。

我们人生中出现的很多问题，其实都来源于我们过度的期望。不管是对别人还是对自己，这种期望实际上都源于我们自身的恐惧。

比方说，我家孩子小时候，我管得很严，规定他们每天早上都要上厕所，而且一定要在规定的时候排便，不上厕所就不能出去玩。有一次，我们在外

度假，早上我问女儿上厕所没，她说上了啊。我就进了卫生间，发现她其实没有上，当意识到她在跟我说谎的那一刹那，我很难过。

后来，我自己分析，为什么我会这么要求我的孩子们？因为我小时候常常便秘，所以我希望孩子们从小养成定时排便的习惯，不要再受我所受过的苦。出于自己的恐惧，我就期望孩子们能够怎么样怎么样，实际上，我是把自己受过的苦投射到孩子们身上去了。

当我发现孩子在定时上卫生间这件事情上撒谎的时候，我就开始检讨我自己——在这件事上，我肯定出了什么问题，以至于孩子必须要对我说谎才能蒙混过关，这样的结果实际上是在把孩子往错误的方向去教育和引导。

从那以后，我就把孩子早晨必须去厕所的这个执念放下了。我和孩子磨合了这么多年，一直在放下心中的各种执念，到现在几乎是完全能包容他们了。比如，以前我讨厌狗狗上床，但是孩子们就喜欢把狗狗弄上床，所以我一进房门，还没反应过来，狗狗就自己先跳下来，因为它们知道我不喜欢它们在床上。后来我实在管不住了，就不理会他们，但我还是坚持狗狗不能上我的床——这是我的床，我可以管，你们的床我不管。我就是这样一点一滴被孩子磨出来的，一直在学习放下对他们的期望和要求。

亲爱的孩子，快乐是我最想教给你的事

和相爱的人相处，
甚至和这个世界相处，
最重要的快乐处方就是不要有期待。

没有人可以让你生气，除非你同意

——给儿子的信（有关“情绪管理”）

我允许你们做自己，允许你们犯错，
给你们最大的自由去探索自己和这个世界。

亲爱的宝贝儿子：

今天，让我们来谈谈怒气管理（Anger Management），这是你最有资格谈的话题吧？记得小时候，你的脾气特别不好，遇事就爱着急，常常哭闹。大了以后，你还是会常常生气，但是发生的频率、强度、长度都比以前好很多。

而且更重要的是，你每次发完脾气，或是跟爸爸妈妈吵完架，都会来道歉。

有一次，你从学校回来，到我的书桌前面，很郁闷的样子，当时你大概10岁出头。我问你怎么了，你说不舒服。我说那你去睡一会儿。我继续埋头工作。过了一会儿，你来了，迟疑地拿了一张老师写给我的信给我看。

信上说，你今天在学校和同学发生肢体冲突，爆粗口，还踢同学的下体，要我好好跟你谈一谈。我的第一个反应就是心疼你，抬起头来，我看着你说："宝贝，你一定好难过是不是？"当时你就哭了，抽抽噎噎地停不住。我抱着你，跟你说："如果你知道自己做错了，就跟同学道歉嘛！"你说："我已经道歉了。"我安慰你："那就不要难过了。你一直有怒气管理的问题，不要太苛责自己，知道了就好。"

我的第一个反应不是像其他父母那样：

自私——为了自己的面子，觉得孩子让自己丢脸了，所以会责骂孩子。

恐惧——觉得孩子现在就做这些流氓行为，长大了还得了，非得好好教训他一顿才行。

妈妈不是这样。我对你和妹妹的爱一直都是希望你们快乐，而不是希望你们完美。我允许你们做自己，允许你们犯错，给你们最大的自由去探索自己和这个世界。因为唯有如此，你们才能真正学会自己该学的功课，而不是由妈妈教导你们一些不切实际的理论。因为如果不是自己真正学会的功课，等到真的发生什么事情，如果我不在你们身边，你们自己是无法处理和定夺的。

不但如此，我还回信给老师，告诉他，我很遗憾今天发生这样的事情。我说你是个很好的孩子，非常善良、乖巧，就是脾气不太好。希望老师多给你鼓励，而不是责怪，这样你会更容易学会控制自己的脾气。

而当我面对你的怒气的时候，我也是个酷妈。当你对我大吼大叫时，我会冷静地告诉你，我不跟对我这样说话的人沟通，请你先离开。你会走开，然后回来道歉。

记得有一次，我去美国看你，你求好心切，想要照顾好妈妈，又有很多课业和学校活动的压力，又看不惯我在美国的一些行为，所以对我很凶。

我好声好气地跟你说话，你还是非常急躁，我归于我的中心，告诉你，你这样对妈妈的态度是不对的，然后就不理你了。

过了一会儿，你又跟我道歉，说你压力真的很大。我说压力大也不需要这样，何况根本没有人给你压力，你要自己学习放松，不要什么事情都那么紧张，要求完美。妈妈也不是难以取悦的人，你不需要费心照顾我。

不过，你的脾气越来越好，越来越归于自己的中心，这倒是真的。为了写这篇文章，我特别问你，你是怎么逐渐学会控制自己的脾气的？你说，你就是自然而然地了解到生气对事情没有帮助，而对人更是有伤害，所以你逐渐就少生气了。

然后你说，我曾经告诉过你一句话，让你很受用，那句话是："没有人可以让你生气，你要为自己的愤怒负责。"

我很为你感到骄傲，你是个有学习能力和反省能力的孩子，所以才能够有这样的变化。说实在的，妈妈自己都是修了很久很久，才把脾气慢慢给修好的，不过还做不到完全不生气，你也是啊。

所以，我们母子俩互相提醒（监视）吧，呵呵。

有智慧的人，始终留给别人“第二次机会”

——给儿子的信（有关“接纳的智慧”）

不要因为对方和你的价值观不一致，
就一味地去排斥对方或是拒绝靠近，别太快地下定论、做决定，
而是始终留给人家“第二次机会”，或是给事情一些时间，
让它自然去发展、成形。

亲爱的儿子：

你已经满 20 岁了，非常有自己的主见，妈妈注意到你有很高的道德标准。

有一次，妈妈的一个粉丝请我吃饭，我带你一起去。饭后，你告诉我这个条件不错的男人喜欢我，可是你也很厉害地看出来妈妈对他没有兴趣。然后你说：“我开始还蛮喜欢他的，直到他提到他有女朋友。”我说：“为什么？是女朋友，又不是老婆。”你嘟囔着说：“有女朋友的话，这样做就不可以。”

我觉得很好玩，知道你在道德方面有很高的标准。谁知道他和女朋友是什么关系？他和妈妈吃一次饭，受妈妈吸引，也没做什么，又有什么不可以？你的批判来得太快太急，这对你来说并不是好事。妈妈做人做事，始终都留给别人第二次机会，而且不会立刻妄下断语说：这是对的，那是错的。

记得你小时候，有一次在我房里鬼鬼祟祟的。我进去的时候，你慌张得不知所措。我问怎么了，你就哭了，抽抽噎噎地说对不起，你本来想偷我皮包里的钱。我没有骂你，只是温和地问你：“需要钱为什么不直接跟妈妈要，需要用偷的？”你羞愧不已，一直痛哭，说我给你的零用钱不是很够，你想买东西。

我后来和你爸爸商量，调整了你的零用钱额度。但是我最关心的倒不是你偷钱，而是你的羞愧感。我知道你是个好孩子，有良好的家庭教育和父母榜样，将来不会变坏的。然而这种羞愧感，妈妈可不想要它跟随你一辈子。

于是，我告诉你好多故事：

爸爸小时候唯一一次被奶奶打，就是因为偷奶奶的钱。可是你看，爸爸现在是个多么正直的好人。

妈妈小时候家里穷，有一天我爸爸朋友的小孩来家里玩，带着一把漂亮的宝剑。我太喜欢了，就把它偷偷藏在一个五斗柜后面，让他们找不到。不过后来，我自己也找不到那把宝剑，白偷了。

妈妈的一个好朋友，十几岁的时候也去商店里偷东西，因为实在没有钱，但是又想和朋友一样穿漂亮一点。现在，她是妈妈最好的朋友，人也非常正直，绝对不会贪图别人什么东西。

我告诉你这些，是希望你知道，人都有犯错的时候，但最重要的是要知道：不要拿不属于我们的东西，而且人不能贪心。你需要钱，可以跟妈妈好好商量，妈妈会支持你，不需要用这种让自己也难过的方式。

我的原谅和接纳，带给你很大的安慰，你从此对我非常信任，什么话都告诉我，我们母子之间没有秘密。

所以说，妈妈没有因为你的一次糊涂行为，就对你妄下定论，严厉地教训你，让你留下羞耻感。我相信你的善良和正直，我也关心你的心理健康和快乐。

我现在想跟你玩个游戏，让你了解一下我们所谓的“对错好坏”，有时候真的是不好说的。请你回答下面这两个问题。

问题一：如果你知道一个女人怀孕了，她已经生了八个小孩了，其中三个耳聋，两个眼瞎，一个智力有缺陷，而这个女人自己又有梅毒，请问，你会建议她堕胎吗？

问题二：现在要选举一名领袖，你的这一票很关键，下面是关于三个候

选人的一些事实：

候选人 A ：他跟一些不诚实的政客有往来，而且会星象占卜学。他有婚外情，是一个老烟枪，每天喝 8 ～ 10 杯的马丁尼。

候选人 B ：他有过两次被解雇的记录，每天要睡到中午才起床，大学时吸大麻，而且每天傍晚会喝一大夸脱威士忌。

候选人 C ：他是一位受勋的战争英雄，素食主义者，不抽烟，只偶尔喝一点啤酒。从没有发生婚外情。

请问，你会在这些候选人中选择谁？

妈妈先说第二题的答案。

候选人 A 是美国总统富兰克林·罗斯福，候选人 B 是英国首相温斯顿·丘吉尔，候选人 C 是德国杀人魔希特勒。

我想问你，你是不是选择了希特勒？那你会建议第一题那个妇女去堕胎吗？如果是，那你就杀了贝多芬，因为她是贝多芬的母亲。

所以，按照你的道德标准和价值判断，你杀了贝多芬，选择了希特勒当领袖。

妈妈希望这个故事能够给你一些启发。

你和妹妹有一次异口同声地说，希望年纪大了以后，能有妈妈的智慧。

妈妈和你分享赢得智慧的一个重要方法，那就是：开阔自己的心胸，尝试去接纳各种不同的人、事、物。不要因为对方和你的价值观不一致，就一味地去排斥对方或是拒绝靠近，别太快地下定论、做决定，而是始终留给人家“第二次机会”，或是给事情一些时间，让它自然去发展、成形。

心胸宽大了，成见自然不深，更多好的、正向的事物会流向你，让你对这个世界有更多的安全感。祝福你，亲爱的孩子。

该发生的都会发生，不会因为你的干涉而改变

——给儿子的信（有关“亲密关系的界限”）

我建议你，每次你要干涉你爱的人的行为时，
先回到自己的中心，看看内在被启动的情绪、感受是什么。

亲爱的儿子：

宝贝，每次妈妈微信视频通话响起来的时候，我就知道 95% 是你打来的。4% 是我微信自媒体公司的总经理有急事找我，1% 是你妹妹。其他人从来不会这样不经微信询问就打电话给我。这说明我们之间关系的亲密和没有界限。

很多人问，我为什么不写信给女儿，为什么好像和你比较亲？其实这是你们两人的选择，妹妹的个性像爸爸，高冷内敛，自我中心，很少主动联络我。但是她非常爱我，这点我很清楚，只是不那么依赖我，沟通也比较少。我发十条微信给她，她回一条，但这并不影响我对她的爱。她自己决定要不要和我亲密，要不要接受妈妈的指引。我无法强迫她。不过她是那么美丽和惹人怜爱，妈妈还是非常开心有这个女儿的。

那天，我在台北的捷运上，你打电话给我，问我背景为什么那么吵。我告诉你我在捷运上，你很着急地说："叫你不要坐捷运，现在随意杀人的人很多，而且台湾流感死了不少人。"你怕我不安全，我很感激你的提醒。但是，你的语气强硬而坚持，我只能温柔地守住自己的界限，不想和你争辩。

是的，我可以开车，也可以打的，但是每天那么多人都是靠捷运在生活、行动，捷运又省钱、又环保，为什么我不能坐捷运？你可以让我注意安全，不要一直看手机，所以如果有人随机杀人我可以提早开溜。你也可以让我戴口罩，增加自己的抵抗力，免得被流感传染。你没有给出这些建设性的建议，只是要我保证下次不坐捷运。所以我敷衍你一下，并决定写这篇文章给你。

你还是充满那么多恐惧，可能源于生你之前妈妈做过几次人流，那几个孩子的恐惧还留在妈妈的子宫里，被你感受到了。此外，我剖腹把你生出来的时候，脐带绕颈三圈，可能在妈妈肚子里你就面临了死亡的威胁而天生没有安全感。这些都是需要你后天去看见、去接纳、去消融的，否则你就会不断地把你的这些恐惧投射到你所爱的人身上，对这个世界也充满恐惧和戒心，这样会很辛苦的。

你干涉我的行动，虽然出于好意，我能明白，也能承接得住。但是将来你的配偶和孩子，很可能就会受到比较大的干扰和伤害。所以，再亲密的关系，也一定要有界限。

很多人对外人非常有耐心、有礼貌，可是对自己的亲人就没有那份尊重，因为没有设定好界限。

所以我建议你，每次你要干涉你爱的人的行为时，先回到自己的中心，看看内在被启动的情绪、感受是什么。

通常有三种情况会让你跨越界限，去侵犯或是干扰你爱的人，我说的都是内在的感觉：

一、一种难以言喻的不安——出于自己内在的恐惧，怕对方出事或是不安全。

二、出于一种强烈的占有欲，让你想控制对方的行为，以符合你自己的喜好。

三、对于你认为的对与错，你有强烈的标准，而且觉得自己的标准是正确的，想要扭转、干涉对方的行为。

这些都是亲密关系的大忌。宝贝，让妈妈一件一件帮你分析吧！

第一，妈妈说过好多次了，很多事情不是我们能掌控的。为什么不舒舒服服地交给老天，我们做好自己该做的事就可以了？过分担心别人，其实是把负能量——也就是诅咒——加诸在你爱的人身上。最后的结局是：该发生的都会发生，不会因为你的干涉而有所改变。但是你和你爱的人的关系，会受到很大的影响。

我每次就被你弄得很烦，很不舒服。你是我儿子，而且妈妈年纪大了，知道该怎么应付你，但是你的爱人可能并不知道啊。如果是你的孩子，你就是在残害孩子了。我在你小时候可没有这样对你，希望你不会这样虐待你的孩子。

第二，占有欲也是亲密关系的一大杀手。很多人觉得，你是我的爱人或孩子或父母，所以你就应该怎样怎样。当我们占有欲太强时，就会觉得对方生活的一举一动都应该要照我觉得好的方式去做：我觉得慢跑对你好，你去做瑜伽我就会说你；我觉得你应该先工作再考研，你直接去考研就是不对的；我觉得那个对象不适合你，所以你们结婚我就不赞同。

我看过有些父母甚至以“断绝关系”来威胁自己的孩子，这是什么父母嘛。

我一向认为，每个人都要为自己犯过的错误负起责任，这样才能学会功课、得到智慧，而且保证下次不会再犯。所以，你从小就知道，妈妈一直是鼓励你多犯错的。

第三，太多的是非判断标准，在亲密关系中也很有杀伤力。比方说，我觉得你应该孝顺父母，结果你做不到，作为亲密爱人，我可以用我的行动去孝顺我的父母，或是去孝顺你的父母，而不是去批判你。

如果你觉得自己坚持的东西是对的，那么让对方改变的最好方式就是先去接受他那个你觉得“不对”的行为。是要真的心悦诚服地去接受，然后再想办法动之以情、晓之以理，这样一来，对方真的会在你柔性的劝说下慢慢改变的。

再举个例子，比方说戒烟戒酒这种事，其实也一样。你越是去干涉对方，对方的反抗心理反而会越重。你只需要让对方知道你很关心他的健康，希望他可以戒掉烟酒，剩下的事情就交给老天了。这样不但不伤感情，而且对方改变的概率也会大很多。

以上三点，就是我们会侵犯对方界限的主要原因。妈妈希望你可以看到自己这些行为背后的动机，然后对症下药地去改变这种不利于亲密关系、亲子关系的行为，从而让自己更幸福。

不要去掌控别人

——给儿子的信（有关“关系”）

过于掌控他人的人，全是出于对这个世界的恐惧和不信任。
他们以为自己的强加干涉就会让事情呈现出自己想要的结果。

宝贝儿子：

春假回来和你相处几天，妈妈忍不住想要和你谈谈“关系”的影响。你和妈妈非常亲密，我完全能够看到日后你和女友、老婆互动的方式，会不由自主地“延续”我和你的关系。因此，我忍不住想跟你说些事儿。

很多心理学家说过，我们每个人都会不自觉地重复自己童年的经验，尤其是和父母之间的互动方式。

这是因为我们熟悉了这种方式，认为这就是爱和亲密，所以在亲密关系中，我们会塑造情境，重现父母当年给我们的感受——即使它是不好的，至少我们非常熟悉它。

我们想要在成年以后，再度重塑当年的情境，好让我们有机会去疗愈自己。

我看到，我们之间的问题就是妈妈太过强势能干，因此从小你就非常依赖妈妈。虽然妈妈这几年来柔软了很多，在你进入青春期之前就学会了非常尊重你们，给你和妹妹很多空间，让你们自己做决定。但是我知道，你这一辈子不会和太温柔、不能干的女人在一起的。你跟我说，你的眼光很高，学校很多女孩喜欢你，可是你都看不上，我们都明白这是什么原因。

我想跟你说的就是，你要学习坚强、有力量，要让自己真正地长大。你不在妈妈身边的时候，的确像个 20 岁的成年人了，非常负责，自己会处理很多事情。可是在妈妈面前，你却总是依赖、牵缠，这可不太好。所以和你在一起时，我总是试着让你多做事，多为女性服务，学习倾听，学会同理，让对方觉得舒服。

让自己长大的最好方法，就是去承受孤独、痛苦、无助的感受。这是非常不容易的。因为人除非到了山穷水尽、无人可以依靠的时候，否则是不会愿意去直面自己的痛苦和无助的。

其实，我们并不需要去消灭这种挥之不去的感受，只需要学会在它出现的时候，看到它，允许它的存在，然后我们还是去做自己该做的事。不否认、不害怕、不批判、不在意，学习在恐惧的陪伴下大步向前走，继续开心地去探索这个充满各种可能性的大千世界。

还好，你童年的创伤不是太严重。将来在关系中，你可能会重复的就是一个强势配偶对你的掌控。你不需要去感受不被爱、不被尊重或被抛弃，因为这不是你的童年课题。

对于配偶的掌控，妈妈想说的是，只要你成熟长大，真正有了男人的力量，你可以让你惯于掌控他人的配偶也回到她自己的中心，轻轻把她推回她该有的位置，不需要过度反应。

另外，我也注意到，你常常把很多你的恐惧投射到妈妈身上，用言语不停地干涉我的行为（也是过度掌控）。这让我觉得很无奈，有时候也挺烦的。我不断地在提醒你，希望你能够看见：过于掌控他人的人，全是出于对这个世界的恐惧和不信任。他们不相信最高力量会掌管一切，以为自己的强加干涉就会让事情呈现出自己想要的结果。

妈妈以多年的生活经验和观察结果告诉你，其实不是这样的。人算真的不如天算，如果我们成天活在恐惧和不确定性中，就会不断地想要去掌控身边的人、事、物，好让事情依照我们希望的方式发生。这样一来，不但自己过得很累，你身边的人，尤其是重要关系户，也会很烦的。

所以，每次我们两个人在一起时，常常出现的场景就是：你急切地想要说服我什么，要我做什么防范措施，或是一些过度保护的事情，而我老是不予理会，最后被你说烦了，回你一两句，要你退回你自己的位置，管好自己就好。妈妈希望日后你的女友也有妈妈这样的淡定和智慧，不会因为你的过度担心和保护，而和你一直起冲突。

另外，我也知道，你会按照妈妈的样子去寻觅你的伴侣。所以我特别想跟你说，找对象第一就是要找心地善良的。因为一个强势能干的女人，如果心地不善良，那你和她交往就有的受了。同时，我觉得最重要的是她在提到别人，尤其是前任的时候，说的是什么。像妈妈和所有的前任都维持着不错的关系，至少绝对不是那种老死不相往来的敌对，我觉得用这点来观察人品是非常重要的。

但是如果心地太过善良，和父母关系牵扯不断、极端受父母控制或是特别依赖父母的女孩，也会带给你不同的课题。她需要成长，剪断和父母的脐带，才能有自己的亲密关系。否则，她和父母的关系会不断地打扰你们，造成两个人相处的困扰。

不过话又说回来了，妈妈其实希望你结婚前多恋爱几次，累积不同的经验，不断操练、学习，增加自己的恋爱智商，这样到你结婚的时候，你会是一个知道自己想要什么的成熟男人。

你问过我，如果我不喜欢你的女友或老婆，我会怎么样。呵呵，我能怎么样？我这么民主开放的妈妈，是不会无故不喜欢你选择的对象的。如果她不喜欢我，我们就会自然地少往来，也不会让你为难。

最后，妈妈为你献上最深的祝福，虽然你才刚满 20 岁——在人生的旅途当中，享受所有的恋爱过程。即使失恋了、心碎了，你也能从中学到功课，让自己变得更好。同时，不灰心、不气馁地继续恋爱，把爱情当成你生命中重要但不是必要的娱乐。祝福你，我的儿子。

其实，
你真的没有自己想象的那么重要

——给儿子的信（有关“坦诚”）

就算别人知道了你一些不是很光彩的事情，只要你诚实以对，
在别人的脑海中，这些事情都会一闪而过，根本不会留下痕迹。

亲爱的宝贝：

那次我去美国看你，我们聊得很愉快。我跟你说我想写一本关于“妈妈给儿子的信”的书，用你做主角。我以为你会断然拒绝，没想到你竟然答应了（我们不提我答应给你的 10% 版税吧，哈哈）。不但如此，后来我们再次

见面时，你还催促我写这本书，哈哈，你真是个可爱的孩子。

我想写这本书的目的，是因为你大了，我有很多东西想跟你分享。当你很小的时候，妈妈还是比较没有觉知的状态，很多时候也伤害了你，多多少少在你心里留下了阴影。现在妈妈比较有意识，你也能够理解很多道理了，我想把妈妈的一些人生体验分享给你。不过，这个过程很可能会泄露你的一些隐私，我跟你说了，你也同意，这让妈妈觉得非常开心。

妈妈认识太多的人，一天到晚遮遮掩掩自己的一些事情，不敢让别人了解真实的自己，好像他们自己有多重要似的（其实，别人真的没有你想的那么在乎你的）。我一直觉得，光明磊落是一个非常重要的特质和美德。那些左遮右蔽的人，其实是不敢面对真实的自己，没有内在力量去承担自己的缺点被别人知道之后的那种不舒服的感觉，他们其实活得很累。

那些人其实是死要面子活受罪。他们过于重视面子，特别在意别人怎么看他们，反而无法获得别人的尊重。因为他们没有“做自己”，一直在随着别人的眼光起舞。你想，每天要花那么多能量去防御自己，戴上一个别人可能会喜欢的面具和他人应对，只要想想就觉得很累。

作为一个算是公众人物的人，妈妈一直都是非常勇敢和真实的。我发现我的读者更愿意看到一个真实的、有血有泪、会哭会笑的作者德芬，而不是一个“开示人间、高频振动、无所不能”的导师形象的我（这句话来自我微博一个读者的评论）。我就觉得做真实的自己非常划算，因为我不费力气，不耗能量，自己舒服，别人也觉得舒服、喜欢。而如果装模作样，不但自己累，别人也未必喜欢。所以，我真的不懂为什么那么多人害怕别人知道他们的一些事情。

其实我后来发现，我们真的没有自己想象的那么重要。就算别人知道了你一些不是很光彩的事情，只要你诚实以对，在别人的脑海中，这些事情都会一闪而过，根本不会留下痕迹。而且，你自己过得怎么样才是最重要的，在别人心目中，你真的没有那么重要。

虽然我有时还是会有点在意别人对我的误解和恶意攻击，但是它们无法阻止我去做真实的自己，这点你像妈妈，我很开心。因为勇敢面对自己真的是成长的第一步。你也承认自己有非常幼稚的一面，但是你只在妈妈面前表露。你说过，总要有一个让你能够退化成孩子的人，因为在外面装大人很累。

但我也提醒你，在妈妈面前也不要过于放纵自己，因为你和妈妈的相处模式，将来会延伸到你和你的亲密伴侣的相处模式。没有一个女人会希望她的男人在自己面前永远退化成孩子的。你也听进去了，但是将来是否能做到，我们都不知道，妈妈会常常在旁边提醒你的。

说到坦诚，你告诉我你不会欺骗我，因为我对你是那么包容和接纳，所以我们可以说是无话不谈的好朋友。

你对诸多事物的恐惧，一再地投射到妈妈身上；而你由于对自己的不满意，进而形成对别人的批判，也不断地投射在妹妹身上，所以妹妹不喜欢和你说话。

我希望你能够更清楚地看到这一点，因为你对我和妹妹的态度和方式，将来都会不自觉地转嫁到你的亲密关系当中，妈妈可以想象你的伴侣会受到什么样的待遇。

而关于亲密关系，妈妈也有好多可以和你分享的，让我以后慢慢地一点一点地告诉你吧。

和这个世界相处，最重要的快乐处方就是不要有期待

——给儿子的信（有关“期待”）

我们可以有理想，有自己想要的生活，
但是一旦事实出现，它就是老大，没的说。

亲爱的儿子：

今天接到你从美国打来的电话，心里很难过。你马上就要过 20 岁生日了，在电话里哭得像个小婴儿似的。我知道你爸爸到美国办事，你期待了很久想要见他，然而见面的结果却是令人失望的……你们一见面就吵架，最后不欢

而散。

妈妈理解你的痛苦，也知道你希望靠近爸爸，和他有深刻的感情交流。但是妈妈也直率地告诉你，爸爸给不了你想要的东西，这是一个事实。你对他失望，是因为你有期待。你期待他能够善解人意、支持你、聆听你，不要开口就是那些奇奇怪怪你不喜欢听的东西。

妈妈想跟你说的就是，长大吧，宝贝。其实，你已经不需要爸爸的情感支持了。你可以把他当朋友一样相处，放下要他爱你、支持你的需求，那么你们相处起来可能还会融洽一点。我知道，这对你来说有点困难。妈妈看到很多成年人在谈到自己的父母时，有时候还是会退化成孩子的状态，哭诉父母的问题，这是全人类都需要去正视和改进的状况。

你从小是在比较优渥的环境下，被宠爱着长大的。虽然在你 10 岁以前，妈妈并不是那么有觉知，也对你有一些伤害，但是在我们家男性抑郁、忧虑、胆怯的性格传承中，你已经算是一个心理健康、快乐无忧的年轻人了。所以，我虽然心疼你和爸爸这样的关系，但也觉得有一些这样的逆境，对你的成长是会有所帮助的。

和相爱的人相处，甚至和这个世界相处，最重要的快乐处方就是不要有期待。尤其是发现事实和我们期待的不同时，能够看清它，并且去勇敢接受它。我们可以有理想，有自己想要的生活，但是一旦事实出现，它就是老大，没的说。

然而，有多少人可以承认事实呢？妈妈常常检视自己，但是也发现，我还是常常跟事实抗争，拒绝面对真相，因为真相常常不是我们想要的。

所以有句话就说：接受真相使人自由。是啊！只有我们看清楚了实际状况，愿意接受它和我们想要的可能相去甚远的事实，我们才能有一定的自由。就像你的爸爸，他虽然不是你理想中的父亲，也无法给你想要的那种支持和关爱，但他还是你的爸爸。你可以放下对他的想象和执着，接受他本来的面目和他相处。如果我们做不到，是因为我们有要求，有期待，不愿意放弃。当对方给不出来的时候，我们抗争，并且愚蠢地以为我们的反对、抗争、努力，会让对方改变。

妈妈现在就告诉你一个残酷的事实：我们不可能改变任何人。如果任何人好像因为你的作为、你说了什么而做出改变，那也是因为那是他自己想要的，他自己愿意的，绝对不是“被你”改变的。如果他不愿意，他永远都不会改变，就算改变也是暂时的、表面上的。这也是为什么那么多的婚姻最后都以失败收场。因为刚开始的时候，很多人会以对方期待的方式和对方相处（短暂地做出改变，以得到自己想要的东西），等到结婚以后，他们觉得大事已定，安全了，可以做自己了，便开始原形毕露。

亲爱的儿子，我相信你有足够的智慧和勇气去面对你和爸爸的紧张关系。智慧就是妈妈上面说的，接纳他就是这样的人，虽然他以前不是，但是他现在改变了。同时，你也要看到自己在爸爸面前的退化心态——想做个小孩，让爸爸宠你、爱你。在亲密关系当中，我们常常退化成孩子，而且次数太过频繁，影响了亲密关系的品质。所以，你现在就可以拿爸爸来练习，知道他不是能够让你退化成孩子的人，在他面前，就是要以平常心对待他。

我知道，你一个人离开家在美国念书，一下子被迫成长为大人，有时候的确需要退化成孩子，让自己喘口气。那么，妈妈就是那个可以让你在我面前退化成孩子的有爱大人。但是，你自己也要有觉知，还要有妈妈说的勇气，去看到你不能时时刻刻在妈妈面前都退化，你也要有“大人的样子”。否则，将来在你的亲密关系中，你会非常需要时时刻刻退化成孩子，那就很麻烦了。

祝福你，我的孩子。妈妈知道你在异乡念书、发展，有诸多不易。但是妈妈始终在这里支持你、爱护你，期待你成为一个真正有爱的成年人，可以照顾自己感情上的需求，并且体会自己所爱的人的需要。而当那一天来临的时候，你才算真正地成长了。

跟“好人”相处，
不代表你就会安全和幸福

——给儿子的信（有关“金钱”）

一个非常好的人，
并不代表他会和他爱的人有感情上的深厚联结，
或是让对方感到安全和受到支持。

亲爱的宝贝：

今天我们来谈谈金钱——你最喜欢的话题。

从小你就特别在意金钱，很会“堆积”“累积”，把自己心爱的玩具全部都藏在一个柜子里的角落。而且有一次，我还发现你半夜睡不着，在数自

己有多少铜板——典型的金牛座，呵呵。

我也曾经建议你长大以后开一家讨债公司，因为你实在太会借由各种名目跟妈妈要钱了。那种不择手段加上极厚的脸皮，相信你的事业会很兴旺，哈哈。

在这个世界上，大家挣钱背后的动力，基本上可以分为三种：

第一，出于恐惧，没有安全感，觉得在这个世界上没有钱就生存不下去，而自己很有可能面临这种窘境。

第二，出于匮乏，很多人觉得自己没有价值，有了钱以后，大家会对你另眼看待，自己也有满足感、成就感。

第三，出于探索的需求。在这个地球上玩人生这个游戏，没有筹码有时候还真不好施展得开。有了钱以后，我们可以创造更多不同的体验，让自己的人生更加丰富有趣。

在这三种动力当中，当然是第三种最好。因为它不但让你比较轻易地能吸引金钱过来，更能够保证你在得到钱以后，还是会非常快乐和喜悦。因为受前两种动力驱动的人，即使挣到了钱还是会发现，自己的恐惧和匮乏并没有因为钱多了而自然消失。

你只要看看妈妈多年的好朋友 S 阿姨你就知道了，她基本上就是一个守财奴，花出去的每一分钱都让她肉痛。她那么有钱，却对自己极其刻薄，连你每次看了都会不由自主地笑出来。

妈妈觉得你应该属于另类的那种——你天生就喜欢钱，谈到钱、看到钱就开心。我永远记得第一次给你压岁钱，并且允许你自己保存的时候，你把钱从红包里拿出来，珍惜地去闻它的味道。那时候我就知道，我的儿子这一辈子不会没钱，因为你是真心爱它。只要你真心爱一个东西，看到它就开心，你一定会自然而然地把它吸引到你身边。

不过，根据妈妈的观察，你对金钱还是有一些不安全感。

比方说，虽然妈妈再三跟你保证，妈妈的钱够你花，你可以安心去做自己喜欢的事情，但你对金钱还是有很大的不安全感，用钱非常谨慎小心，花钱非常务实——这点妈妈一点意见都没有，因为我就是这样的人。我从来不买名牌，从来不花冤枉钱，能够节省的时候一定节省，但是我对我自己和我爱的人，是非常大方的。尤其是有实际需求的时候，我根本不考虑成本，只考虑舒适。

你上次跟我谈到你的一些土豪同学，你观察他们的用钱方式，非常不以为然。土豪们用钱的方式很好玩，他们把钱花在别人看得到的地方，对自己却非常小气刻薄。比方说，你的同学全身名牌，开最好的跑车，可是身高一米八几、体重将近一百公斤的他，出门永远坐经济舱，即使飞越太平洋十几个小时，也舍不得坐公务舱。他们非常不注重个人享受，对于吃这件事情也很不讲究，一碗方便面就可以打发一餐。他们的钱是用来给别人看，然后满足自己的虚荣心的，而不是给自己花的。而你呢，从小嘴馋，时不时想上好吃的餐厅吃一顿大餐，也很开心妈妈每次和你一起享受我们喜爱的美食。你买衣服的时候也是，从来不考虑过于昂贵的名牌，注重的是穿起来好不好看、舒不舒服。而也是人高马大的你，虽然很想坐公务舱飞越太平洋，但是你舍不得花那个钱，每次好不容易积攒了里程数升舱一次，就能乐个半天。

妈妈的消费习惯和你差不多，不过因为我有挣钱能力，所以我对自己更大方。但是对于那种过于名贵的奢侈品，我这一辈子再有钱也不会去买它们。对我来说，与其花那个钱去买那么昂贵的珠宝、衣服、鞋子，不如把钱捐给更需要的人，因为后者让我更舒服、愉悦。

不过你对金钱的不安全感，有一些可能是来自和爸爸的联结不够。爸爸是我们每个人背后的靠山，如果这个靠山稳固，我们就会觉得这个世界是安全的，物质不会匮乏。你爸爸是个非常好的男人，但是他也和他的父亲联结不够（很巧的是，你爷爷也是一个非常非常好的人）。一个非常好的人，并不代表他会和他爱的人有感情上的深厚联结，或是让对方感到安全和受到支持。非常好的人也不表示他会为他爱的人付出，让他爱的人感到温暖和幸福。

所以，你对这个世界和金钱的安全感，是需要在自己心里去找到的。希望你能够看到：你爸爸虽然嘴上说不会留一毛钱给你们，虽然常常自以为是地不去顺应你们的要求，虽然在金钱方面非常小气刻薄，但是他对你们的爱和支持，是埋藏在他自己对于金钱和这个物质世界的种种恐惧之下的，他为你们和这个家庭付出了许多。所以，不要因为一些表象上的不满，你就否定了他对你的爱和支持。如果你能够有智慧去看到这一点，并且对爸爸有更深的理解和联结，那么你对这个世界的恐惧和对金钱的不安全感就会减少很多。

也祝愿你日后能够吸引到你所想要的金钱，在地球这个游乐场中玩得更开心！

有趣的人，
会吸引有趣的关系

——给女儿的信（有关“亲密关系”）

只要让自己始终保持对生命的热忱和喜爱，
就会成为一个有趣的人。
而一个有趣的人，就会吸引同样有趣的人来到你的生命中。

亲爱的女儿：

每次都是给哥哥写信，很多人在问，女儿呢？做妈妈的没有话想跟女儿说吗？

当然有。可是你不像哥哥那样敞开，跟妈妈说话总是有所保留，这是你的天性使然，我也不怪你。

不过，这个暑假你回来，我们也谈了一些事情——母女之间最好谈的话题当然就是亲密关系啦。你和妈妈年轻的时候差不多，总是有男人追求。而你也是个情种，喜欢谈恋爱，不喜欢感情空窗。

我以前就告诉过你，女儿都会不自觉地寻找和自己父亲一样特质的男人。你当时很不以为然，因为你和父亲之间不是那么亲密，你没有学会欣赏爸爸的很多特质，看到的都是不好的。

但是，当我见了你的男友，指出他和爸爸的相似之处后，你哑口无言。所幸，你的父亲是个好人，在你童年时期，我们的家庭也算和睦、有爱，因此你创造的亲密关系都是非常好的。至少，那些男人对你都是好得没话说。

妈妈年轻的时候也是如此，可是我的第一段婚姻却不堪回首。当时我迷恋那个大我 10 岁的男人，说什么都要嫁给他。婚前他就对我相当不好，可是我痴迷地认为，结婚以后成为他的老婆了，他就会改变。

妈妈希望你不要犯我这种愚蠢的错误，想要一个男人改变，是比登天还难的，所以婚前一定要看清楚。

为什么妈妈的第二次婚姻也失败了呢？你曾经问过我，为什么会嫁给爸爸。我说，妈妈当时已经 30 多岁了，急着生孩子，而你爸爸看起来是个很好的人，所以我们没有相处，认识三个月就结婚了。

你也聪明地问，如果交往一段时间，完全了解他了，你大概就不会嫁给他了吧？我说是。但是，我还是觉得你爸爸是个很好的男人，只是我们之间的化学反应不够，如果对爱情和婚姻要求不高的话，一起终老是不成问题的。

所以我希望你能在婚前尽量多交男朋友，多尝试不一样的男人，你才会知道：男人的种类有哪些，如何与不同类型的男人相处，自己究竟喜欢、适合什么样的男人。

最不靠谱的婚姻，就是靠“感觉”结婚的，就像我的第一次婚姻。但是感觉不够好，也是绝对不能结婚的，就像我的第二次婚姻。在感觉好的基础上，理性地去分析这个男人到底适不适合你，到底能不能与你愉快地成家立业、生儿育女，这才是王道。

妈妈在感情路上历尽沧桑，可是从来没有放弃希望。我还是一个喜欢谈恋爱的小女生，还是期盼有一个人可以与我终老。虽然现在有喜欢我的人，但敢追的没有。

从我们两个人喜欢的男人当中，总结一下他们的相似处，我发现我俩都喜欢孩子气的男人。上次有一个非常帅的男人追你，你和他约会一次就再也不肯去了。因为你觉得他非常奇怪，而且无趣。

什么样的男人是无趣的男人呢？ 这点我和你的看法也一致。那就是，和他说话说不通。在你这个年龄，如果碰到的男生不是一个心很敞开、能量流动的人的话，那千万要躲远一点。

我记得年轻的时候约会过一个男人，是个标准无趣的工程师。我连和他看一场电影，都觉得空气中飘浮着沉闷的味道。电影看完之后，我就立刻找了个借口回家，再也不见他了。

而在我这个年龄的男人，很多都是非常自恋、自我中心的。话题始终围着他自己打转，根本不想听你说什么。但是孩子气的男人不一样，他们通常是非常好的聆听者，有很大的共情能力。然而，如果到了一定年龄还是非常孩子气的男人，通常也会有一个严重的缺点，那就是：他们的情绪也很孩子气，无法掌控。

所以，妈妈希望你和你的男朋友能够一起成长，但是仍然保有那颗童心。保有童心的关键点，就是要对有趣的事情怀有高度的兴趣，人生不可以无趣，所以一定要从“自己喜欢的事情”开始选择未来的志向。

只要让自己始终保持对生命的热忱和喜爱，就会成为一个有趣的人。而一个有趣的人，就会吸引同样有趣的人来到你的生命中。

祝福你，我亲爱的女儿。

你可以不做一个好人，
但要忠于你自己

——给儿子的信（有关“愧疚感”）

当你感到愧疚的时候，
你可以做一些事或是说一些话去补偿对方，
但是另外一方面，你需要学习和自己的那份愧疚感待在一起。

亲爱的儿子：

那天你和妹妹从美国回来，我下午出去办事，傍晚回到家，本以为可以和你们俩吃饭，结果刚好赶上你们都要出门去找朋友，这让我顿时有种被遗弃的感觉。虽然我可以和那种感觉在一起，可是我喜欢撒娇，对自己的孩子

也不例外，所以我就故意嘟着嘴，装作很可怜的样子，说：“你们两个都要抛弃我，留我一个人在家。”

妹妹根本不吃这一套，理直气壮地对我说：“我们马上就要去日本玩了，到时我会好好陪你的。”

然而你却很愧疚，脸上满是不舍、不忍的表情，还专门过来安慰我一下，抱抱我然后才出门。

你们都走了以后，我收到了你的微信：“抱歉，妈咪，我下周会花很多时间跟你在一起。”

我故意说“养狗比养孩子好”，而且还唱一首孤独的歌给你听。你显然中计了，一直发信息对我各种安慰，而且还说“你自己跑出去一天不在家”什么的。后来我发笑脸给你，结束对你的操控折磨。

可是我心里其实挺难过的。我知道这是你的命门，很轻易就可以看出来。在所有的人际关系中，别人其实也会利用你这个弱点来操控你，尤其是你的亲密伴侣。除非对方心智很健全，独立而坚强，否则你会被她玩得团团转。最后，你可能会受不了，大发雷霆，发过之后又觉得愧疚，然后又道歉，这样一直循环，最后磨尽你们的感情。

你跟我说你讨厌比较爱需索的女孩，这也是因为你经不起别人的要求吧！别人用你的善良来操控你，用你的软弱来满足自己，其实这是你可以防范的。方法就是，当你感到愧疚的时候，你可以做一些事或是说一些话去补偿对方，但是另外一方面，你需要学习和自己的那份愧疚感待在一起。

比方说，你的女友要求你过去陪伴她，但是你要准备明天的考试，所以不得不拒绝。你在说 NO 的同时，会感觉心里有一个地方抽痛、郁闷、很不舒服。

这个时候，与其一再道歉，甚至恼羞成怒地责怪对方，不如好好地深呼吸，跟自己身上那个不舒服的感觉待在一起。告诉自己，没有关系，这是可以的。你可以忠于自己，你可以回到中心和自己在一起，你可以不做一个好人，但是要做一个忠于自己的、快乐的人。

所以，你现在知道了，你内在那个愧疚的感受，具体会显化成身体上的一个不舒服的点，让你呼吸都有困难。它在促使你不断地去讨好、祈请原谅（其实你根本没有做错什么）。最后，当你承受不住那种感觉的时候，就会恼羞成怒，发脾气指责对方，最后反而坏事。

你看看你妹妹，多么自我中心的人啊！可是她也不得罪人，个性非常圆滑，和人始终保持淡淡的距离，绝对不会受到罪恶感操控的。

你们的差别是天生的，显然她是一个比较快乐、放松的人。你看，同样一件事，妹妹心安理得，你却惴惴不安，这是你需要在自己身上工作的地方。

这次暑假回来，你已经满 20 岁了，妈妈觉得你真的成熟了许多，更加负责任，我非常欣慰和开心。但是我最希望看到的还是你的快乐无忧，不要让自己内在的那种愧疚感控制你的行为、绑住你的手脚。祝福你。

亲爱的孩子，
快乐是我最想教给你的事

——给儿子的信（有关“快乐”）

当我们内在有一个这样大的渴望时，
常常会忽略对方的一些明显的缺点而贸然前进，
甚至会为了自己的需要而美化对方，
看不清楚对方真正的样子。

宝贝儿子：

前一阵子，你经历了人生的第二次分手。第一次是蜻蜓点水的小恋爱，这次其实时间也不长，但你投入比较深。你跟我完整地分享了你的心路历程，妈妈很感动。

你因为转学而开始和女友分居两地，激起了一些情绪。在讨论到底要不要继续的过程中，你发现了很多事（包括她和前男友扯不清楚），所以你非常愤怒，说了一些伤人的话，还告诉了她的家人。

气消了以后，你很快就知道自己做得不对，立刻写了检讨书。

妈妈看你一项一项列出来自己在这次分手中学到的教训，觉得非常好玩。你真是个好学的孩子，也跟妈妈一样有着莫大的勇气，愿意从每次的痛苦打击当中，承担自己的责任，并且学习该学的功课。

最后，你哀痛地问我，怎样才能走出来、忘记她？

我告诉你：没有方法，除了去接受、面对，没有别的灵丹妙药。

当然，一般人的做法可能是：去购物、狂欢、喝酒、结交下一个女友、旅行……其实，当伤痛最烈的时候，我不反对用一些无害健康和人际关系的方法去处理和面对。

但是，真正有效的方法，还是要勇敢地去面对那个失去的痛，看看它能把你怎么样。

我告诉你，妈妈在失去挚爱时，时时感到内在有一个大洞。你说你也感觉到了，里面是空的。

我说，就接受这个空吧，接受这个大洞存在的事实，不要急着去填补它。注视着它，和它和平共处。

结果，你很快就走出来了。几天以后，你兴奋地告诉我，你又快乐起来了。

我很开心，你基本上是一个非常快乐的人。虽然你有那么多担忧，但是总的来说，你的快乐指数挺高的。这是妈妈最关心的事情。

你有一颗那么善良、那么敏感又为人着想的心，我始终怕你受伤，或是持续待在不快乐的情绪里。尤其是我们家族遗传的抑郁体质，似乎没有在你身上延续。

如果我能给孩子什么东西，这就是我最想给的：快乐的能力。

这一次，你也没有很快地投入另外一段关系中。由于刚刚转学，你参加了新学校的很多活动，认识了很多人，愉快地继续自己的人生，年轻就是好。妈妈希望你不要和我一样，在感情上受到重创，久久不能平复，所以从小就一直在给你打预防针。

可是我的忠告你好像并没有听进去，像这次这个女孩，你其实并不了解她就坠入了爱河。你自己承认很想念被人爱、被人拥抱的滋味，谁不想呢？

在受到教训以后，你应该知道，当我们内在有一个这样大的渴望时，常常会忽略对方的一些明显的缺点而贸然前进，甚至会为了自己的需要而美化对方，看不清楚对方真正的样子。

分手后，你问我对她的感觉，我说见了一次，不太喜欢。你怪我为什么不早告诉你，我笑了。我说，你自己喜欢最重要，我说的并不一定中肯，而且你在热恋的时候也听不进去，我说了实话你心里会不开心的。也许，下一次我会诚实地跟你分享我的感受，就看你听不听了。

经过这次打击之后，你开始对心灵成长的东西有了兴趣，还说要和我一起去上课，妈妈真是开心。

我并没有从小强迫灌输你们心灵成长的观念，而你们因为父亲的一些言行，对灵性成长有一些成见，我也一直没有干预。

我希望你们像我一样，到了一定的年纪，真正地发生兴趣了再去研究。这个时候你们所学所想的，都是为了自己，有一个特定的需求和目的，这才有效果。

看来这个时候已经到来了。儿子，让我牵着你的手，走上这条认识自己的道路，弄清楚人生到底是怎么回事——在你还这么年轻的时候，真棒！

附 录 ◀◀◀ 一句顶一万句——德芬精彩问答

1．一辈子只和一个人发生关系亏不亏？

德芬：这个就是见仁见智了，有些人觉得这样挺好的，我个人觉得挺亏的。

2．你觉得男人爱淑女还是骚女？

德芬：他愿意跟骚女来往，但又愿意娶淑女回家。

3．为什么听到对方说“在乎你，才想要知道你的过去”时会不舒服？

德芬：这其实是一种掌控欲望，这种人就是拿过去的事情挑出来吃醋、找麻烦的。有这种个性的人，我就说是挑粪的个性，好端端的要去挑粪出来自己闻臭，也挺无奈的。

4．你觉得女人需不需要心机呢？

德芬：需要。女人真正的心机，就是只做狠事，而不说狠话，这样男人才会真正怕你。

5．为什么有些人会虐爱呢？

德芬：可能因为他小时候父亲或者母亲就是用虐爱的方式在对待他，让他误以为所有亲密关系都应该是这样的。

6．你那么美，那么优秀，为啥还是搞不定男人？

德芬：因为想多了，想要的太多了。

7．你和婆婆坦诚沟通过吗？那是一种什么样的体验？

德芬：不一定是婆婆，我跟所有人都可以坦诚沟通，但是这也要取决于你婆婆是不是一个明理的人。像我有一个朋友，她就说我，德芬为什么你每次对婆婆都那么好，好像很理亏，要去讨好、巴结她一样。她说："我从来没有婆婆的问题，因为我从来都不理我婆婆的，我就心安理得地做我自己，什么敬老尊贤我根本不管，我只做我自己。但是我婆婆看到她儿子这么爱我，然后我又是挺好的人，只是不太爱去理他们，不去讨好他们，所以他们也就接受我了。"

所以，你就心安理得地做自己，让大家都觉得相处起来很舒服，行为不要过分就好了。像我以前一直想要去讨好婆婆，让婆婆开心，这样一来跟婆婆相处反而会有问题。如果我就是心安理得地做我自己，我从来不想讨好你们，然后你们也不用来管我，这样相处反而没问题。当然，儿子（丈夫）的态度也很重要。

8．一个离婚带娃的女人能嫁给谁？

德芬：谁都能嫁，跟离婚带娃没有太多关系。我觉得，如果因为你离婚带娃就不娶你，这种男人不嫁也罢。

9．你觉得什么是收放自如的爱？

德芬：收放自如的爱就像水龙头，开关自如。当你觉得自己没有得到想要的东西的时候，要放的时候就能够放，要走的时候就能够潇洒地走掉，关感情就像关水龙头，当机立断。

10．单身久了是什么感觉？

德芬：单身久了，其实会习惯的。我从前一直以为单身不会习惯，但现在我不这么想，而且还感觉越来越好，就是享受独处。我反而觉得从前两个人在一起时，没有独处时能体会到的另外一种精神上的愉悦、自由。

11．你能忍受另一半和前任的关系到什么程度？

德芬：像朋友一样啊，但不是每天发信息问来问去的那种朋友。像普通朋友一样，而不是知心好友。

12．婚外情里，您觉得到底有没有真爱？

德芬：这很难说呀，有时候是真的有。但是说实在的，你说人世间有没有真爱，我就觉得没有。我认为所谓的真爱，只是真的很爱，而不是真正的爱。婚外情里有真的很爱的，因为对方可能比原配更适合他。

13．有些人说真正的成熟就是敲碎玻璃心，是吗？

德芬：也算吧，因为如果你有一颗玻璃心，不那么成熟的，就太容易被敲碎了，那碎无可碎应该算是成熟了。玻璃心是风吹过都会受凉，因为自己的“卫气”不够。

14. 你觉得爱情里最好的状态是互相成为战友吗？

德芬：不是战友，是盟友吧。盟友就是在人生的道路上互相支持，互相帮助，不是互相牵扯，让对方更糟，而是让双方都能够更好。1+1>2。就像结盟一样，有难同当，有福共享。

15. 喜欢和舒服的人在一起，这算不算爱情？

德芬：这就很难说了，因为每个人对爱情的定义不一样，感受也不一样。有些人觉得舒舒服服的爱情就是爱情，有些人认为惊天动地、很浓烈的爱情才叫爱情。每个人想法不一样，所以说爱情并非只有一种模式。

现在的说法就是，老了以后一定要跟一个让你觉得舒服的人在一起。因为老了之后，精气神就真的不足了，没力气折腾了，就没有那么多时间每天去扒粪，每天去制造一些充满戏剧性的东西，所以在一起待着舒服最重要。

16. 你觉得出轨的人还值不值得再爱？

德芬：我觉得一个人值不值得被爱，跟他出不出轨没有关系。

17. 问个很私人的问题，你在爱情里面做的最疯狂的事是什么？

德芬：就是离开我的婚姻去追寻我的爱情，很疯狂。因为追求爱情而结束一段稳定的婚姻，不顾一切，不管我的名声、事业和其他后续的状况，弄得几乎粉身碎骨，这就是我做过最疯狂的事。

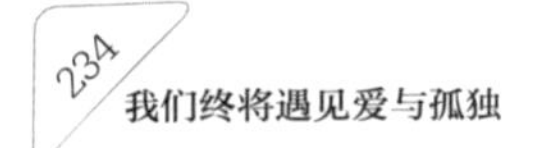

18. 你认为贫贱夫妻百事哀吗？

德芬：我觉得不见得。有时候夫妻一起走过贫贱，到了荣华富贵的时候反而分开。那个时候，我觉得真的还是贫贱可能还好一些。也有看过市场卖菜的夫妻，小两口很恩爱，羡煞旁人的。但是如果面临生活的种种挑战，因为没有钱而无法解决时，这是对爱情最大的考验。

19. 结婚后如果遇到更合适的怎么办？

德芬：永远都有更合适的。而且那个更合适的，你不知道是不是最合适。所以我觉得不应该轻言放弃一段婚姻，当然，这是就我过来人的身份说的了。

你失去的任何东西
都会以另一种形式回来